하나님의 임재 연습

하나님과의 완전한 연합을 갈망하며...

〈좋은씨앗〉은 하나님의 말씀입니다. 이 말씀이 좋은 마음밭에 떨어져 하나님의 나라가 땅끝까지 확장되고, 예수 그리스도를 본받아 그 향기를 품은 성령의 사람들이 세상에 넘쳐나길 기대합니다. 그래서 백 배, 육십 배, 삼십 배의 결실을 맺기를 소망합니다(마 13:18). 천국은 좋은 씨를 제 밭에 뿌린 사람과 같기 때문입니다. 〈좋은씨앗〉은 이와 같은 소망과 기대를 품고 하나님께 출판 사역으로 쓰임 받기를 기도합니다.

세월이 흘러도 변함없이 좋은 책 1

하나님의 임재연습

초판 1쇄 발행 | 2006년 11월 10일
초판 38쇄 발행 | 2025년 10월 2일

지은이 | 로렌스 형제
옮긴이 | 오현미
일러스트 | 황성욱
펴낸이 | 신은철

펴낸곳 | 좋은씨앗
출판등록 제4-385호(1999. 12. 21)
주소 | (06753) 서울시 서초구 바우뫼로 156(양재동, 엠제이빌딩) 402호
주문전화 | (02) 2057-3041 주문팩스 | (02) 2057-3042
페이스북 | www.facebook.com/goodseedbook
이메일 | good-seed21@hanmail.net

ISBN 978-89-5874-065-5 03230

이 책의 저작권은 도서출판 좋은씨앗에 있습니다. 저작권법에 의하여 한국 내에서 보호받는 저작물이므로 무단전재와 무단복제를 금합니다.

세월이 흘러도 변함없이 좋은 책 1

하나님의
임재 연습
The Practice of the Presence of God

로렌스 형제 지음 | 오현미 옮김

좋은씨앗

차례 contents

책을 읽기 전에 9

처음 만나는 로렌스 형제 11

책에 대한 간략한 소개 17

:: 대화

첫 번째 : 로렌스 형제와의 만남 25

두 번째 : 모든 일을 하나님 사랑을 위하여 31

세 번째 : 하나님을 갈망함 41

네 번째 : 하나님의 임재를 유지하려면 46

:: 편지들

첫 번째 : 자연스러워질 때까지 연습하십시오 59

두 번째 : '연습'은 어떻게 전개되는가 63

The Practice of the Presence of God

세 번째 | 최대한 자주 하나님을 생각하십시오 73

네 번째 | 하나님의 임재라는 보화를 향유하십시오 76

다섯 번째 | 임재 연습을 지금 결단하십시오 83

여섯 번째 | 주님을 전폭적으로 신뢰해야 합니다 87

일곱 번째 | 어디 있든 주님을 그리워하십시오 91

여덟 번째 | 임재를 유지하려면 95

아홉 번째 | 인생의 유일한 과제, 하나님의 기쁨 98

열 번째 | 주님과 함께 살고 죽으십시다 103

열한 번째 | 하나님이 두신 자신의 상태에 만족하기 106

열두 번째 | 하나님을 떠나는 것을 두려워합시다 110

열세 번째 | 고통의 때에 기도하는 법 113

열네 번째 | 모든 것의 중심에는 하나님이 계십니다 116

열다섯 번째 | 지식을 뛰어넘는 하나님의 사랑 120

The Practice of the Presence of God

:: 책을 읽기 전에

이런 질문을 던져보세요. "나는 어느 때에 하나님을 아주 가까이 느끼는가?" 어떤 이들은 인생 최고의 절정기에, 이를테면 아이가 태어난다거나 결혼식 날에, 혹은 오랫동안 간직했던 꿈이 현실로 드러나는 순간에 하나님의 임재를 경험합니다. 반면에 또 어떤 이들은 삶이 가장 힘든 때에, 예를 들어 사랑하는 가족이 죽었다든지 자신이 불치병에 걸렸다든지 실직을 했다든지 하는 순간에 하나님을 가까이 느끼기도 합니다.

삶이 최고로 좋을 때와 최악으로 나쁠 때야말로 대다수 사람들이 하나님의 임재를 가장 쉽게 체험하는 때입니다. 하지만 이도 저도 아닌 때에는 우리를 포함한 많은 사람들이 하나님을 발견하기가 무척 어렵습니다. 우리들 대부분이 그렇듯 고되고 단조로운 일상은 우리를 지치게 하고 녹초로 만듭니다. 매일 똑같이 되풀이되는 일상의 업무들과 끝도 없이 돌고 도는 쳇바퀴 속에서 대부분의 시간을 보내는 동안에는 좀체 하나님을 떠올리지 못하는 것이 그리스도인이라는 우리의 현실입니다.

그렇습니다. 우리의 큰 문제는 바로 이것입니다. 다른 날과 크게 다를 바 없는 여느 날, 별다른 아무 일도 일어나지 않을 듯싶은 보통 날, 하나님은 어디 계십니까? 일상의 단조로움 속에서 하나님은 어디에 계실까요? 17세기의 프랑스 사람, 주방에서 "하나님의 임재를 연습"하는 법을 깨우쳤던 로렌스 형제의 사려 깊은 인생 체험 속에서 우리는 이 질문에 대해 부분적으로나마 대답을 찾을 수 있습니다.

:: 처음 만나는 로렌스 형제

　로렌스 형제(1605-1691)의 유년과 청년 시절에 대해서는 알려진 바가 거의 없습니다. 우리가 알기로 그는 1605년 경 프랑스의 로렌느에서 니꼴라 에르망이라는 이름으로 태어났습니다. 부모님은 가난하지만 존경할 만한 분들이었죠. 두 분은 니꼴라를 신실한 가톨릭 교도로 양육했습니다.

　대부분의 유럽 국가들이 그렇듯 당시 프랑스는 16세기 프로테스탄트 종교 개혁으로 인해 심각한 갈등을 겪고 있었습니다. 위그노(Huguenots)라 불리던 프랑스 프로테스탄트들은 1530년대 이후 급속하게 성장했고, 가톨릭 교도였던 프랑스 왕실은 이들에게 위협을 느껴 강경한 조치를 취하지 않을 수 없었습니다. 곧 프로테스탄트들을 향한 핍박이 시작되었고, 이후 프랑스 가톨릭 교도와 위그노 사이에는 오랫동안 피를 흘리는 무력충돌이 계속됐습니다. 평화라고 해야 두 적대 세력 간의 불안한 휴전만이 잠시 동안 조성될 수 있을 뿐이었습니다.

니꼴라 에르망은 가톨릭 교도였기 때문에 이런 종교적 핍박을 직접 겪지는 않았습니다. 하지만 그는 신앙 양심에 충실했기에 현실을 그저 외면하고 살지는 않았습니다. 니꼴라는 30년 전쟁(1618-1648)이 일어났을 때 군에 입대해 전투에 참가했습니다. 하지만 그는 로렌느 근방에서 벌어진 격렬한 전투에서 심각한 부상을 입었습니다. 신체의 일부는 불구가 되었고, 느리고도 고통스러운 회복의 과정을 겪어야 했습니다.

그 이후 그는 회계원인 피예베르 씨의 심부름꾼으로 들어가 일을 배웠습니다. 니콜라는 당시의 자신에 대해 "모든 걸 다 엉망으로 만드는 심각한 얼치기"였다고 말합니다. 그럼에도 불구하고 피예베르 씨 밑에 있는 동안 그는 하나님과의 관계에 새로운 전환기를 맞이합니다. 열여덟 살이 되던 1623년에 니꼴라는 "겨울에 나무가 잎을 떨구는 것을 보면서, 그리고 짧은 시간 안에 나뭇잎이 다시 나고 그 후엔 꽃이 피고 열매가 맺힐 것을 생각하면서, 하나님의 섭리와 능력에 대해 강렬한 체험을 했다"고

고백합니다. 하나님의 주권과 능력에 대한 이런 개인적인 체험은 "그가 세상의 번잡함에서 벗어나 하나님께 대한 큰 사랑으로 불붙게" 했으며 이 사랑의 체험은 그 후로도 그를 결코 떠나지 않았습니다.

세월이 지나면서 니꼴라는 자신이 세상살이에 점점 더 만족하지 못하고 있음을 깨달았습니다. 그리고 그의 나이 오십 세가 되었을 때 파리에 있는 맨발의 까르멜파 수도회에 들어가기로 결심합니다. 자신의 모든 것을 다 버리고 오직 하나님만을 사랑하기 위해서였습니다. 또한 수도원에서 엄격한 생활을 하다 보면 하는 일마다 엉망이었던 자신이 똑똑해지고 실수도 하지 않게 될 것이라 생각했기 때문입니다.

니꼴라는 까르멜 수도회에 평신도 형제의 자격으로 들어갔습니다. 거기서 로렌스 형제라는 새 이름을 얻고 주방에 들어가 일을 거들기 시작했습니다.

그는 처음엔 주방일을 하면서 별다른 즐거움을 얻지 못했습니다. 그는 단지 그 일을 자신의 부족함을 메우기 위한 고행으로 받아들였습니다. 하나님께서 자신을 고쳐 세우시기 위해 이곳에 부르셨다는 정도로 말입니다. 한 동안은 그렇게만 살았습니다.

그러나 어느 때부터 그 일은 그에게 새로운 의미로 다가오기 시작했습니다. 사람들에게 환영받지 못하는 가장 힘들고 비천한 일이 전혀 다른 차원에서 이해되기 시작했습니다. 그가 모든 일을 하나님께 대한 사랑에 근거하여 행하기로 의식적으로 결단한 뒤부터 말입니다. 그는 하나님 사랑을 위해서라면 땅에서 지푸라기 하나를 집어들 수 있다는 것에도 즐거웠습니다.

사람들은 수도원 한구석에서 허접한 주방일이나 하고 있던 평신도 형제에게 무슨 일이 일어났다는 것을 알아차렸습니다. 그들이 그것에 대해 묻자 그는 생활의 사소한 의무들을 행하는 중에 하나님의 임재를 연습하는 것에 대해 이야기해 주었습니다. 거기엔 어떤 비결 같은 것도 없고 신비로운 것도 없다고 했습니다. 자기 일을 하면서 하나님을 기억하기만 하면 된다고 말입니다. 물론 그보다는 조금 복잡한 일이긴 했지만, 로렌스 형제에게 있어 일상생활에서 하나님의 임재를 체험한다는 것은 시종 하나님을 생각하는 것이었습니다.

세월이 흐르면서 로렌스 형제는 삶을 통해 엄청나게 중요한 것을 발견했다는 사실을 알았습니다. 자신에게 뭔가가 있다고 자랑하지는 않았지만, 그는 자기가 깨달은 것을 다른 이들과 함

"그에게 있어 하나님의 임재를 체험한다는 것은
하나의 삶의 방식, 즉 반복해서 실행하는
하나의 습관이었다."

께 나누려고 애썼습니다. 까르멜파의 동료 수도사들은 하나님의 임재 연습에 대해 그와 이야기 나눴고, 수도원 밖의 사람들도 마찬가지였습니다. 종교 지도자들까지 그에게 찾아와 조언을 구할 정도였습니다. 또 어떤 이들은 영적인 문제에 대해 서신으로 그와 상담했습니다. 그는 주방에서 배운 하나님과의 친밀한 사귐을 80대 중반의 나이로 파리에서 세상을 떠날 때까지 실천했습니다.

:: 책에 대한 간략한 소개

정말 좋은 것은 세월이 흘러도 변함이 없는 법입니다. 이 책이 그렇습니다. 기독교 경건 서적의 고전(古典)이 된 이 책은 1666년에서 1667년 사이에 로렌스 형제와 보포르 대수도원장, 무슈 드 샬롱의 대주교 대리가 나눈 네 차례의 대화와, 작성 날짜가 불분명하지만 아마도 1691년 로렌스 형제가 세상을 떠나기 직전까지 주고받았을 것으로 추정되는 열다섯 통의 편지를 요약한 내용으로 되어 있습니다. 이 자료들은 보포르의 대수도원장이 편집하여 1690년대 중반 파리에서 책으로 출간되었습니다.

로렌스 형제가 이들과 주고받은 대화와 편지는 성격상 아주 사적이지만, 그럼에도 불구하고 여기에는 우리 모두가 읽고 교훈을 얻을 만한 값진 내용들이 담겨 있습니다. 발간된 지 300년

이 지난 지금까지도 「하나님의 임재 연습」이 많은 사람들에게 호소력을 가질 수 있는 이유가 바로 이 때문일 것입니다.

요즘 경건생활의 한 추세를 보면 지나치게 개인주의적인 측면이 강합니다. 하지만 로렌스 형제는 신앙에 대해 지극히 개인적인 자세로 접근하면서도 결코 자기중심주의라는 함정에 빠지지 않았습니다. 사실, 하나님의 임재를 연습하기 위해서는 자기 자신이 아니라 하나님께 생각을 집중해야 합니다. 자기 기분이 어떤지 그리고 무엇을 체험하는지는 나날의 일상 속에서 하나님을 사랑하고 기억하는 것에 비해 언제나 부차적인 문제일 뿐입니다.

놀라운 사실이지만, 이 책에서는 현대 독자들의 입맛에 맞는 하나님의 임재를 체험하기 위한 '단계적 과정' 따위는 찾을 수 없습니다. 이 '주방 성자(聖者)'에 의하면, 하나님의 임재는 어떤 프로그램으로 체험할 수 없습니다. 그것은 반복되는 연습, 하나의 삶의 습관일 뿐입니다. 여기엔 뭐 복잡할 게 전혀 없습니다. 우선순위를 정하고 생각을 분산시키는 것들을 제거하며 하나님에 관해 생각하기로, 그것도 많이 생각하기로 결단하면 됩니다. 한 편지에서 로렌스 형제는 그것을 이렇게 표현합니다. "바라건대 제가 권면해드린 것을 기억하십시오. 밤낮으로, 바삐 일을 할 때나 기분 전환을 할 때에도 하나님을 자주 생각하십시오. 그분은 늘 당신 곁에 계시고 당신과 함께 하십니다. 그분을 홀로 두지 마십시오. 나를 만나러 온 친구를 혼자 두는 것은 실례라고 생각하지 않습니까? 그런데 어떻게 하나님은 소홀히 대할 수 있다고 생각합니까?"

하나님의 임재를 연습한다는 게 쉽게 되는 일은 아닙니다. 로렌스 형제도 그 사실을 인정합니다. 〈첫 번째 편지〉에서 그는 자신이 어떻게 "하나님의 임재를 의식하는 습관"을 들였는지 설명합니다. 하나님의 임재 연습은 하나의 습관(라틴어로 '하비투스'[habitus]), 즉 어느 정도 시간이 지나면 자연스럽고 거의 반사적으로 반응하게 되는 규칙적이고 훈련된 삶의 방식으로 나타나야 한다구요.

로렌스 형제의 '하나님의 임재 연습'도 시작은 더뎠습니다. 시간이 흐르면서 그는 자신이 행하는 모든 일과 자신에게 일어나는 모든 일 속에서 하나님을 보는 법을 터득했습니다. 물론 길고도 고된 훈련을 거친 뒤였습니다.

그런 점에서 지금 우리가 하나님의 임재를 매순간 경험하지

"시간이 흐르면서 그는 자신이 행하는
모든 일과 자신에게 일어나는 모든 일 속에서
하나님을 보는 법을 터득했다."

못하고 있다 하더라도, 실망하고 주저앉을 이유가 못 됩니다. 하나님을 믿는다고 말은 하지만 하나님께 아무 신경도 쓰지 않고 살아가는 사람들이 차라리 불행한 축에 속할 테지요. 우리는 아직 늦지 않았습니다. 희망이 있습니다. 내일은 오늘과 다르리라는 꿈으로, 새로운 각오를 다지기로 합시다. 언젠가 하나님의 임재에 대한 예민한 의식을 갖고 일상생활을 해나가는 사람이 되어 있을 것을 그려보면서 말입니다. 로렌스 형제가 그 여정 가운데 우리와 동행해 줄 겁니다.

대화

첫 번째 | **로렌스 형제와의 만남**
두 번째 | **모든 일을 하나님 사랑을 위하여**
세 번째 | **하나님을 갈망함**
네 번째 | **하나님의 임재를 유지하려면**

The Practice of the Presence of God

| 첫 번째 대화 |

로렌스 형제와의 만남

내가 로렌스 형제를 처음 만난 것은 1666년 8월 3일이었다. 그는 하나님이 자신에게 얼마나 좋은 분이신가에 대해 이야기했다. 특히 열여덟 살 되던 해에, 하나님께서 자신에게 베푸셨던 특별한 은총에 대해 나누었다.

로렌스 형제의 회심과 젊은 시절

겨울이 가깝던 어느 날, 그는 길을 걸어가다가 나무에서 잎이 떨어지는 것을 보고 문득 하나님이 생각났다. '계절이 바뀌면 곧 다시 나무에 새싹이 돋을 것이다. 그 후엔 꽃이 피고 예전처럼 풍성한 열매가 맺히겠지.' 이런 생각을 하니 하나님의 섭리와 무

"그는 겨울에 나무가 잎을 떨구는 것을 보면서,
그리고 짧은 시간 안에 나뭇잎이 다시 나고
그 후엔 꽃이 피고 열매가 맺힐 것을 생각하면서
하나님의 섭리와 능력에 대해 강렬한 인상을 받았다."

한한 능력이 정말 놀랍게 다가왔다. 이 때의 강렬한 경험은 그에게는 회심이라 부를 수 있을 만한 것이었다. 그의 마음속에는 하나님에 대한 뜨거운 사랑이 불타오르기 시작했다. 그 사랑은 이후 40년간 줄곧 이어졌고 하나님과 동행하는 삶을 가능케 하는 원동력이 되었다.

그는 회계원인 피예베르 씨의 잔심부름꾼으로 일했는데, 자신이 모든 일을 그르치기만 하는 대단한 얼치기였다고 고백한다. 그가 수도원에 들어가기로 결심한 동기 가운데 하나도, 그곳에 들어가면 모든 일에 서투른 자신이 좀 똑똑해지고 실수도 덜 하게 되지 않을까 싶어서였다. 물론 다른 이유도 있었다. 수도원에 들어가면 자기 삶과 그 삶의 모든 즐거움들을 다 하나님을 위해 바칠 수 있게 될 것 같아서였다.

그런데 하나님은 오히려 그의 생각이 틀렸다고 말씀하시는 것 같았다고 한다. 그가 그 상태 그대로 만족한 채 머물러 버리려 했기 때문이다. 하나님은 그에게 그 이상의 것을 바라고 계셨던 것이다.

그러면서 그는 우리가 하나님과 끊임없이 대화를 나눔으로써 늘 하나님의 임재를 의식해야 한다고 강조했다. 하찮은 일들과 어리석은 일들에 몰두하느라 하나님과의 대화를 그만둔다면 그것처럼 부끄러운 일이 없을 거라고 했다.

하나님께 대한 헌신

그는 우리가 하나님에 관한 숭고한 생각들로 우리 영혼을 먹이고 그런 훈련을 통해 자양분을 공급받아야 한다고 했다. 그러면 하나님께 헌신하는 일만큼 큰 기쁨을 누릴 수 있는 예도 없을 것이라고 했다.

그는 또 우리의 믿음이 너무 약하다는 점을 지적했다. 그 점에 대해 그는 매우 마음 아파했으며, 사람들이 믿음을 모든 삶의 기준으로 삼지 않고 오히려 사소한 일에 매달려 별볼일없는 즐거움에만 사로잡히기 때문에 그런 일이 일어난다고 했다. 믿음을 붙잡는 일이야말로 교회가 나아가야 할 길일 뿐만 아니라, 믿음은 우리를 그리스도의 완전함에 이르게 해줄 것이다.

그는 우리가 세속의 일을 하든 영적인 일을 하든 매사에 하나님께 자신을 온전히 내어드려야 한다고 했다. 그는 이렇게 말했다. "하나님께 자신을 온전히 내어드린 사람이 있다고 합시다. 그런 사람에게는 고난이 닥치든 위로가 부어지든 크게 차이가 없습니다. 하나님의 뜻이면 무엇이든 그 뜻을 준행하는 것이 그의 기쁨이자 만족의 근원이기 때문입니다. 비록 고난이 닥치더라도 그 안에 하나님의 뜻이 담겨 있고 그 뜻에 복종할 마음이 충분하므로 그 사람에게는 기쁨만이 따를 것입니다."

그러면서 그는 우리가 살아가면서 쉽게 경험하는 건조함, 무감동, 지루함에 대해서도 얘기했다. 하나님께서는 그런 의미없어 보이는 일들을 통하여 그분을 향한 우리의 사랑을 시험하신다. 우리는 그런 시기들을 지날 때 오히려 하나님을 향한 우리의 결심과 헌신을 잘 실행할 수 있어야 한다. 바로 그런 일들을 통하여 우리는 하나님과 친밀한 동행을 이룰 수 있으며, 또한 영적으로도 한 걸음 나아갈 수 있게 될 것이다.

죄에 대한 로렌스의 생각

로렌스 형제는 날마다 세상에서 들려오는 불행한 일들과 죄에 관한 소식에 대해 그다지 놀라지 않았다. 죄인들이 얼마나 악

해질 수 있는지를 고려한다면 그런 일들이 더 많이 일어나지 않는 게 오히려 더 놀랍다고 했다. 그리고 자기 입장에서는 죄인들을 위해 기도할 수 있을 뿐이지만, 하나님께서 원하시면 그들이 저지른 해악들을 언제든 제거하실 수 있으므로 자신은 그런 문제에 너무 지나치게 마음쓰지는 않는다고 했다.

그는 하나님께서 요구하시는 정도의 자기 포기에 이르려면 세속적인 일들은 물론 영적인 일들에 집중하는 자신의 영혼을 주의 깊게 돌아보아야 한다고 했다. 하나님께서는 진정으로 당신을 섬기고자 하는 사람들에게는 우리의 열망이 잘못 비켜가지 않도록 분별력과 식견(識見)을 주신다고도 했다.

그러므로 성실하게 하나님을 섬기기 위해서라면, 우리는 두려움 없이 그분께 나아가야 한다. 그분께 나아감으로 우리는 날마다 친밀한 임재의 기쁨을 누리게 될 것이다.

| 두 번째 대화 |

모든 일을 하나님 사랑을 위하여

로렌스 형제는 언제나 자기를 이끌어가는 것은 하나님을 향한 사랑이라고 했다. 하나님을 사랑하는 것을 모든 행동의 목적으로 삼기로 결단한 이후, 그는 오랜 시간이 걸려서야 마침내 다른 이기적인 동기가 아닌 순수한 하나님 사랑 때문에 그렇게 살 수 있게 되었다고 고백한다. 지금 그는 하나님을 사랑하기 위해서라면 땅에 떨어진 지푸라기를 줍는 일에서도 기쁨을 느낀다고 했다.

로렌스가 경험한 두려움

그렇지만 로렌스 형제도 오래 전에는 구원의 확신이 없어서

"그는 하나님을 사랑하기 위해서라면
땅에 떨어진 지푸라기 하나를 줍는 일에서도
기쁨을 느꼈다."

무척 고민했었다. 저주받을 것에 대한 두려움 때문이었다. 세상 모든 사람이 다 동원되어 그렇지 않다고 설득하려 해도 소용없을 정도였다. 오랜 고민 끝에 그는 이 문제에 대해 이렇게 판단을 내렸다. "제가 경건 생활에 매진한 것은 오로지 하나님을 사랑하기 때문이었고, 지금도 그것 때문에 살아가고 있습니다. 제게 무슨 일이 일어나든, 설령 잃은 자가 되든 다행히 구원받는 자가 되든 이제는 상관치 않겠습니다. 다만 언제나 하나님을 사랑하기 위해 계속 살아가겠습니다. 죽는 날까지 하나님을 사랑하기 위해 모든 노력을 다하는 것, 이것이 제게는 더할 수 없는 행복이니까요."

이러한 마음속의 근심은 4년 동안 계속되었는데, 그 동안 그는 상당히 고통스러워했다. 하지만 그는 이러한 걱정이 믿음의 부족 때문이라는 사실을 알게 되었고, 그 후로는 완전한 자유 가운데 계속 기쁨을 누리며 살아가고 있다. 지금은 오히려 자신이 많이 부족하다고 생각될 때마다, 하나님께 자신의 죄를 가져다 놓고 자신은 하나님의 은총을 받을 자격이 없다고, 하나님의 은혜가 너무 과분하다고 말씀드리지만, 하나님은 그럴 때마다 자신에게 축복하시며 날마다 풍성한 은총을 베풀어주신다고 했다.

로렌스의 경건 훈련

하나님과 계속 대화를 나누고 우리의 행사를 다 그분께 맡기는 습관을 들이려면 먼저 모든 일에 부지런히 하나님께 말씀드리려는 노력이 있어야 한다고 그는 말했다. 그렇게 조금만 주의하고 나면 하나님의 사랑이 별 어려움 없이 내면에서 우리를 일깨워 그런 습관을 갖게 해줄 것이라고도 했다.

그는 하나님께서 주신 기쁜 날들이 지나면 그 다음엔 아픔과 고통이 있으리라 예상했다. 하지만 자기 힘으로 할 수 있는 일은 아무것도 없는 만큼, 하나님께서 그것을 감당할 힘을 분명 주실 것이기에 별로 불안해하지 않았다.

자기에게 주어진 어떤 선행을 실천해야 할 경우 그는 하나님께 '주님께서 힘주시지 않으면 저는 이것을 할 수 없습니다'라고 말씀드렸고, 그러면 필요보다 더 넘치도록 능력을 받았다.

만약 할 일을 해내지 못했을 경우 그는 하나님께 그저 이렇게 자기 과오를 고백했다. "주님께서 저를 홀로 두시면 다음에도 달라질 게 없습니다. 저의 넘어짐을 막으시고 잘못된 것을 바로잡아주실 분은 주님이십니다." 그리고 나서 그는 자신의 실책에 대해 더 이상 마음 불편해하지 않았다.

모든 일에서 하나님과 더불어 살아가려면, 솔직하고 분명한 언어생활을 해야 하며 문제가 생겼을 때에는 곧 도우심을 간청하는 등 지극히 단순하게 살아야 한다고 말했다. 로렌스 형제가 종종 경험했다시피 하나님은 꼭 필요한 도움을 주지 못하시는 경우가 없었다.

오직 하나님 사랑을 위하여

최근에 그는 부르고뉴로 심부름을 다녀왔다. 수도원에서 쓸 포도주를 사러 갔는데, 이런 일은 그로서는 아주 달갑지 않은 업무였다. 물건을 사고파는 것은 그의 적성에도 맞지 않았고, 게다가 배편을 이용하지도 못하고 불편한 다리로 포도주 통을 직접 굴려가며 걸어서 다녀와야 했기 때문이었다. 하지만 그는 이 일이나 포도주를 구매하는 일에 대해서도 마음이 불편해지지 않았다. '제가 지금 하려는 일은 하나님의 일입니다'라고 말씀드렸더니 그 뒤로 모든 일이 술술 잘 풀리더라는 것이다. 작년에도

 똑같은 일로 오베르뉴에 간 적이 있었는데, 그때 일이 어떻게 진행되었는지는 자세히 말하지 않았지만 그때도 역시 모든 일이 아주 잘 되었다고 한다.

마찬가지로, (천성적으로 그가 매우 싫어하는) 주방 일에 있어서도, 그는 모든 일을 하나님 사랑을 위하여 하고 어떤 경우든 자신의 일을 잘 감당할 수 있도록 기도로 하나님의 은혜를 구하는 데 익숙해 있었기에 지난 15년 동안을 수월하게 해낼 수 있었다고 한다.

지금 그는 자기 역할에 아주 만족해한다. 하지만 전임자가 그러했듯 자기도 언제든지 이 일을 그만둘 준비가 되어 있었다. 보잘것없는 일이라도 하나님 사랑을 위해 행함으로써 그 어떤 조건에서든 늘 만족할 수 있기 때문이었다.

기도의 장애물

로렌스에게 있어 정해진 기도 시간은 다른 시간과 다르지 않았다. 수도원의 규율에 따라, 하던 일을 물리고 기도하러 가기는 하지만 자신은 기도하려고 그렇게 한적한 곳으로 물러나는 것을 원하지도 않고 요구하지도 않았다. 아무리 일이 많더라도 그것이 하나님께 생각을 집중하는 것을 훼방하지는 않았기 때문이다.

모든 일 가운데서 하나님을 사랑할 의무가 있다는 것을 알았기에, 그리고 그렇게 하려고 애썼기에 그에게는 죄사함을 선포해줄 고해 신부는 필요해도 일을 어떻게 하라고 조언해줄 지도자는 필요치 않았다. 그는 자신의 잘못에 아주 민감했지만 그것 때문에 낙담하지는 않았다. 자신의 허물을 하나님께 고백하기는 하지만 그것들을 변명하려고 하나님의 뜻에 거슬러 간청하지도 않았다. 그렇게 하고 나서 평안한 마음으로 평소처럼 하나님을 사랑하고 찬양하는 일을 다시 시작했다.

마음에 어떤 고민이 생길 때 그는 누구와도 상의하지 않았다. 오히려 하나님께서 임재해 계시다는 것을 믿음의 빛에 비추어 알고 있었기에 그는 자기 모든 행동의 방향을 하나님께 돌리는 데만 집중했다. 즉, 결과가 어떻든 오로지 하나님을 기쁘시게 하려는 소원을 가지고 그 일들을 행했다는 것이다.

그는 쓸데없는 생각은 만사를 망친다고 했다. 모든 해악(害惡)

은 바로 거기에서 시작된다고 했다. 쓸데없는 생각들이 뻔뻔스럽게 고개를 들고 우리 눈 앞의 당면한 일이나 우리의 구원 혹은 하나님과의 교제를 훼방하려는 것이 감지될 때에는 즉시 그 생각들을 물리쳐야 한다고 그는 말했다.

처음에 그는 이리저리 분산되는 생각들을 물리치려 애쓰거나 거기에 그냥 빠져드느라 정해진 기도 시간을 그냥 흘려보내는 경우가 많았다고 했다. 그래서 어떤 이들처럼 특정한 방법을 써서는 경건의 시간을 규칙적으로 잘 활용할 수 없었다고 한다. 그럼에도 불구하고 처음 얼마 동안은 그런 묵상의 시간을 갖기도 했다. 하지만 설명할 수 없는 어떤 이유로 그런 방법에는 흥미를 잃었다고 했다.

육체적 고행

그는 육체적 고행과 다른 모든 훈련들은 그것이 사랑으로 하나님과 연합하게 하는 것이 아닌 한 쓸모가 없다고 했다. 그는 이 사실을 깊이 숙고했으며, 하나님께 곧장 이르는 가장 빠른 길은 사랑을 끊임없이 실천하고 모든 것을 그분을 위해 행하는 것임을 깨달았다고 한다.

 무엇을 '이해'하는 데서 나오는 행동과 '의지'에서 나오는 행동 사이에는 큰 차이가 있다. 전자는 비교적 가치가 적지만, 후자는 그 가치가 아주 크다. 그는 우리가 힘써 행해야 할 유일한 관심사는 하나님 사랑을 실천하는 것이요 하나님 안에서 우리 자신을 기뻐하는 것이라고 말했다.

 우리가 생각할 수 있는 어떤 종류의 고행이라도, 만약 거기에 하나님에 대한 사랑이 들어 있지 않다면 죄사함은커녕 우리에게 아무 유익을 주지 못한다. 구원을 위해서라면 우리는 불안해하지 말고, 예수 그리스도의 보혈에 근거하여 죄 사함받기를 기대해야 하며, 그 후에는 다만 온 마음을 다해 그분을 사랑하려 애써야 한다. 하나님은 가장 큰 죄인에게 가장 큰 은총을 베푸시는 듯하다. 당신의 자비를 더욱 잘 보여주는 기념물이라도 되는 것처럼 말이다.

 그는 이 세상에서 겪는 가장 큰 고통 혹은 가장 큰 즐거움도 영적인 상태에서 자신이 경험한 고통이나 즐거움과는 비교가 안

된다고 말했다. 그래서 자신은 아무 것에도 염려하지 않고 아무 것도 두려워하지 않으며 오직 한 가지만을 생각하는데, 그것은 바로 그분을 거스르지 않는 것이라고 했다.

그는 자신이 잘못을 행한 경우에 대해서, 잘못은 시인하기는 해도 지나치게 마음 쓰지는 않는다고 했다. 그 이유에 대해 이렇게 말한다. "저는 제 본분을 다하지 못했을 때 즉시 그 사실을 인정합니다. 그리고 이렇게 고백합니다. '전 원래 그런 사람입니다. 만일 저 혼자 이대로 놔두시면 다음에도 달라질 게 없을 것입니다' 라고 고백합니다. 넘어지지 않았을 경우에는 하나님께 감사를 드립니다. 그렇게 할 수 있는 힘이 하나님으로부터 온다는 것을 인정하면서 말입니다."

| 세 번째 대화 |

하나님을 갈망함

로렌스 형제는 자신의 영적 삶의 기초는 믿음 안에서 하나님에 대해 고결한 인식을 갖고 하나님을 높이는 것이었다고 했다. 그 사실을 깊이 이해하고 나서야 그는 잡다한 생각들을 물리칠 수 있었으며 하나님 사랑을 위해 모든 일을 집중할 수 있었다.

때로는 상당 기간 동안 하나님 생각을 하지 못하는 때도 있었으나 그 일로 인해 마음의 평정을 잃지는 않았다. 그는 하나님 앞에 자신이 얼마나 형편없는 존재인지를 인정하면서, 하나님을 잊어버린 것을 통해 자신의 비참함을 깨달은 만큼, 하나님께 대한 더 큰 신뢰를 갖고 그분께로 돌아왔다.

미리 예비하시는 하나님의 은혜

그는 우리가 하나님을 신뢰할 때 그분이 영광을 받으실 것이며 우리에게는 더 큰 은혜들이 주어진다고 했다.

하나님은 우리를 속이지 않으신다. 하나님께 자기를 완전히 포기하고 그분을 위해 모든 것을 감내하기로 작정한 사람이 오래 고통당하게 내버려 두신다는 것 또한 있을 수 없는 일이다.

무슨 일이 있을 때마다 하나님의 거룩한 은혜가 즉시 자신을 구원하는 것을 자주 경험한 그는 그런 경험에 근거하여, 해야 할 일이 생길 때 그 일에 대해 미리 염려하지 않는다고 했다. 그리고 그 일을 할 때가 닥치면 하나님 안에서 모든 것이 자기가 하기 좋은 상태로 예비되어 있음을 마치 맑은 거울을 통해 보는 것처럼 보게 된다고 했다.

하나님에 대한 로렌스의 갈망

물질 세상의 일로 인해 생각이 분산되어 하나님만을 생각하는 것이 조금 힘들어질 때면 하나님께서 그의 영혼에 기억을 새

롭게 해주사 주체치 못할 만큼 그를 흥분시키고 황홀하게 해주셨다.

그는 한적한 곳으로 물러나 기도하기 위해 물질 세상의 일을 잠시 접어둘 때보다는 오히려 그 분주한 일들 가운데서 더욱 강력하게 하나님과 연합되었다.

육체적으로나 정신적으로 그에게 일어날 수 있는 가장 고통스럽고 나쁜 일은 그가 그토록 오랫동안 누려왔던 하나님에 대한 감각을 잃어버리는 것이었다. 하지만 선하신 하나님은 절대로 그를 버려두지 않으실 것이고, 그에게 어떤 나쁜 일이 일어나든 그것을 감당할 수 있도록 힘을 주겠다고 하셨다. 그래서 그는 아무것도 두려워하지 않으며, 자신의 상태에 대해 누구와도 상의할 일이 없었다고 한다. 오히려 무언가를 누구와 상의하려 했을 때에는 언제나 혼란만 더한 채 돌아왔다고 한다. 하나님 사랑을 위해서라면 생명도 내놓을 각오가 되어 있었기에 그는 위험에 대한 염려가 없다고 했다. 그는 하나님 앞에서 자신을 완전히 포기하는 것이 천국에 이르는 확실한 길이요, 그 길에는 언제나 우리 행실을 비춰주는 밝은 빛이 있다고 했다.

"그리스도인으로서 많은 이들이 성장하지 못하는 것은
이들이 참회나 그 밖의 특정한 훈련들에는 집착하면서
정작 그런 것들의 목적인 하나님의 사랑에는
소홀히 하기 때문이다."

영적 성장의 방해물

신앙생활을 처음 시작할 때에는 자기 본분을 다하고 자신을 부인(否認)하는 데 충실해야 한다고 그는 말했다. 그러면 그 후에는 말로 다할 수 없는 기쁨이 따른다고 했다. 역경을 만났을 때에는 예수 그리스도를 의지하고 그분의 은혜를 간구하기만 하면 된다고 했다. 그러면 모든 것이 다 수월해질 것이라고 했다.

그는 그리스도인으로서 많은 이들이 성장하지 못하는 것은 이들이 참회나 그 밖의 특정한 훈련들에는 집착하면서 정작 그런 것들의 목적인 하나님을 사랑하는 것에는 소홀히 하기 때문이라고 했다. 이러한 사실은 그들이 하는 일을 보면 명백히 드러나며, 이것이 바로 견실한 덕행을 보기 힘든 이유라고 했다.

하나님께 나아가는 데에는 기술도 필요하지 않고 체계적인 지식도 필요하지 않으며 오직 하나님께만 열중하기로, 하나님만을 사랑하기로 단호히 결단한 마음이 중요하다고 했다.

| 네 번째 대화 |

하나님의 임재를 유지하려면

로렌스 형제는 하나님께 나아가는 자신만의 방식에 대해 활짝 열린 마음으로 나와 자주 토론을 벌였고, 그 중 일부는 이미 이야기한 바 있다.

하나님과의 지속적인 대화

그에 따르면, 하나님께 나아가는 데 있어 가장 중요한 부분은 그분께 나아가는 것을 방해하는 요소들을 그때그때 계속하여 포기하는 작업이다. 그러면 우리는 아주 단순하게 그리고 자유롭게 하나님과 지속적인 대화를 나눌 수 있다.

우리는 단지 하나님이 가까이에 임재해 계시다는 사실을 늘

"우리에게 필요한 것은 가까이 친밀하게 계시는 하나님을
인식하고 순간순간 하나님께 말을 거는 것뿐이다."

인식하고 있으면 된다. 그러면 순간순간 하나님과 대화를 나눌 수 있다. 확신이 서지 않는 일들에 대해서는 하나님의 뜻을 구할 수 있고, 힘든 일을 해야 할 때면 그분의 뜻 가운데 그 일을 잘 해낼 수 있게 해달라고 도우심을 요청할 수 있으며, 행하기 전에 먼저 하나님께 아뢰고 그 일들을 다 해냈을 때에는 감사를 드릴 수도 있다.

이러한 하나님과의 지속적인 대화를 통해 우리는 주님의 무한한 선하심과 완전하심을 경험하게 되고, 나아가 그분을 쉼없이 찬양하고 높이며 사랑하게 된다.

하나님의 은혜

우리는 주 예수 그리스도의 무한한 공로를 의지하고 있으므로 자기 죄 때문에 낙담하는 일 없이 온전한 확신을 갖고 하나님께 나아가 그분의 은혜를 구해야 한다고 그는 말했다. 하나님은 그분께 나아가는 자들에게 결코 은혜를 거두시는 법이 없다. 그는 하나님의 임재 의식에서 생각이 벗어나거나 하나님의 도우심을 구하는 것을 잊어버린 경우를 제외하고는, 언제나 은혜를 분명히 감지했고 그 은혜가 부족했던 적이 한번도 없었다고 했다.

우리가 어떻게 행하는 게 옳은지 확신하지 못할 때에도 하나님은 우리에게 언제나 빛을 비춰 주신다고 했다. 다만 우리는 하나님을 기쁘시게 하는 것 외에 다른 의도가 없어야 할 것이다.

우리의 성화(聖化)는 우리가 이런 일도 해보고 저런 일도 해보는 데 달려 있는 게 아니라 이런 일이든 저런 일이든 우리가 흔히 우리 자신을 위해서 해왔던 그 일들을, 방향을 돌려 하나님을 위해 하는 데 달려 있다고 그는 말했다. 일부 목적과 수단을 혼동한 나머지 특정한 일들에 중독되다시피 매달려 있으되 인간적 혹은 이기적인 관심 때문에 그 일조차 지극히 불완전하게 행하는 이들이 많은 것 같은데, 그것은 참으로 통탄할 일이라고 했다.

로렌스의 기도 방식

로렌스 형제가 터득한 하나님과 대화하는 가장 효과적인 방법은 놀랍게도 일상적인 일들을 수행하는 것에 있었다. 단 사람을 기쁘게 하려 하지 않고 (할 수 있는 한) 순전히 하나님 사랑을 위해 그 일들을 행할 때이다.

기도 시간이 여타 시간과 달라야 한다는 생각은 대단히 잘못된 것이라고 그는 말했다. 기도 시간에 기도로 하나님께 충실한 것처럼 일하는 시간에는 일로써 하나님께 충실해야 할 엄중한 의무가 있다는 것이다.

그의 기도는 다른 무엇도 아니고 오직 하나님의 임재를 의식하는 것이었으며, 그 시간에 그의 영혼은 하나님의 거룩한 사랑 외의 모든 것에 무감각해진다고 했다. 그리고 정해진 기도 시간이 지나도 그는 여전히 하나님과 함께 하며 힘을 다해 그분을 찬양하고 감사하기 때문에 달라지는 것은 아무것도 없다고 했다. 그래서 그는 계속적인 기쁨 가운데 살 수 있었다. 다만 그는 자기가 좀더 강해져야 할 필요가 있을 때에는 하나님께서 무언가 좀 힘들게 겪어내야 할 일들을 자신에게 주시기를 바랐다.

믿음, 소망, 사랑

그는 또 우리가 하나님의 뜻대로 행하고 있다는 것을 확신할 수 있으려면 믿음과 소망과 사랑의 태도를 키워 가야 한다고 했다. 믿음은 우리로 하여금 하나님을 전적으로 신뢰하게 만들며 그분께 자신을 굴복시킴으로 주님이 우리를 속이지 않으실 것을 확신시킨다.

모든 일을 하나님 사랑을 위해 한다고 할 때, 우리는 사소한 일들을 하는 것에 싫증을 내서는 안 되는데, 이는 우리의 일이 얼마나 크고 위대하냐가 아니라 그 일을 사랑으로 하느냐에 그분의 관심이 있기 때문이라고 했다. 그는 하나님 사랑을 위해 모든 수고를 기울일 때, 우리의 그런 노력이 도중에 실패로 끝나지는 않을지 의심해서는 안 된다고 했다. 계속 애쓰다 보면 우리의 염려와는 달리 자연스럽게 우리 안에 행동의 열매가 생기고 그것이 삶의 습관으로 자리잡아 결국 넘치는 기쁨을 누리게 될 것이기 때문이라고 했다. 또한 이 모든 일에 하나님이 힘을 주실 것이라고도 했다.

그는 신앙의 본질은 믿음·소망·사랑이며, 그것들을 실천함으로써 우리는 하나님의 뜻에 연합하게 된다고 말했다. 그 밖의 다른 모든 것은 아무래도 좋으며 우리로 하여금 목표에 이르게 하는 수단으로 사용되어야 하고, 목표에 이른 후 그것들은 믿음과 사랑으로 덮어 가려져야 한다고 했다.

믿는 자에게는 모든 것이 다 가능하고, 소망이 있는 자는 덜 힘들게 마련이며, 사랑하는 자에게는 모든 것이 쉽다고 그는 말했다. 이 세 가지 덕목을 꾸준히 실천하기에 자신은 모든 것이 점점 더 수월하다고 했다.

자기 성찰

로렌스 형제는 우리가 자신에게 제시해야 할 가장 큰 목표는 영원 세상뿐 아니라 이 땅에서도 할 수 있는 한 가장 온전한 하나님의 예배자가 되는 것이라고 했다.

그에 따르면 우리는 영적 생활을 시작할 때 자기가 어떤 존재인가에 대해 철저하게 살피고 돌아보아야 한다. 그럼으로써 우리가 모든 멸시를 받아 마땅하고 그리스도인이라는 이름으로 불릴 자격도 없으며, 온갖 불행과 헤아릴 수 없는 고통을 당해도 마땅한 존재라는 사실을 깨달아야 한다. 그런 불행과 고통을 겪으면 우리는 건강을 잃고 내적으로나 외적으로 몹시 괴롭겠지만 그 일을 통해 하나님께서는 우리를 겸손케 하신다는 점을 알아야 한다. 그리고 이런 사실을 알았으므로 차후에 사람들로부터 괴로운 일이나 유혹, 반대 그리고 반박을 당하더라도 이상하게 여겨서는 안 된다. 하나님께서 기뻐하시는 한 그리고 그 일들이 우리에게 크게 유익이 되는 한 오히려 순순히 그 일들을 감수하고 감당해야 한다.

그는 우리 영혼이 완전함을 갈망하면 할수록 그 일은 하나님의 거룩한 은혜에 점점 더 의지하게 될 수밖에 없다고 했다.

로렌스 형제가 보여 준 모범

하나님의 임재 가운데 행하는 것이 그토록 유익하다는 것을 깨달은 만큼, 그 유익을 다른 사람들에게 열심히 전하는 것이 로렌스 형제에게는 아주 자연스러운 일이었다. 그가 보여 준 모범은 어떤 권유의 말보다 강력한 자극이 되었다. 그의 얼굴에는 기분 좋고 평안한 경건함이 드러났고 이것을 보는 이들은 영향을 받지 않을 수 없었다. 주방 일이 아주 바쁠 때에도 그는 여전히 평정심과 하늘을 향한 마음가짐을 잃지 않았다. 그는 절대 서두르는 법도 없고 늑장을 부리는 일도 없이, 늘 평정하고 고요한 정신으로 각각의 일들을 제 시간에 해냈다. "저에게는 일하는 시

"주방의 소음들과 달그락거리는 소리 속에서 몇 사람이 동시에
여러 가지를 요구하지만, 저는 복된 성사 때 무릎을 꿇고 앉아 있는 것처럼
깊은 고요 속에서 하나님을 소유합니다."

간이 기도 시간과 다르지 않습니다. 주방의 소음들과 달그락거리는 소리 속에서 몇 사람이 동시에 여러 가지를 요구하지만, 저는 복된 성사(聖事) 때 무릎을 꿇고 앉아 있는 것처럼 깊은 고요 속에서 하나님을 소유합니다."

편지들

첫 번째 | 자연스러워질 때까지 연습하십시오
두 번째 | '연습'은 어떻게 전개되는가
세 번째 | 최대한 자주 하나님을 생각하십시오
네 번째 | 하나님의 임재라는 보화를 향유하십시오
다섯 번째 | 임재 연습을 지금 결단하십시오
여섯 번째 | 주님을 전폭적으로 신뢰해야 합니다
일곱 번째 | 어디 있든 주님을 그리워하십시오
여덟 번째 | 임재를 유지하려면
아홉 번째 | 인생의 유일한 과제, 하나님의 기쁨
열 번째 | 주님과 함께 살고 죽으십시다
열한 번째 | 하나님이 두신 자신의 상태에 만족하기
열두 번째 | 하나님을 떠나는 것을 두려워합시다
열세 번째 | 고통의 때에 기도하는 법
열네 번째 | 모든 것의 중심에는 하나님이 계십니다
열다섯 번째 | 지식을 뛰어넘는 하나님의 사랑

The Practice of the Presence of God

| 첫 번째 편지 |

자연스러워질 때까지 연습하십시오

사랑하는 형제님.

주님이 제게 베풀어주신 그 자비를 형제님이 얼마나 간절히 알고 싶어하는지 잘 알고 있습니다. 형제님의 줄기찬 요구에 제가 손을 들지 않을 수 없군요. 제가 어떻게 해서 하나님의 임재를 의식하는 습관을 갖게 되었는지 말씀드리겠습니다. 다만 제 편지를 아무에게도 보여주지 않는다는 조건으로 형제님이 원하시는 이야기를 들려드리겠습니다. 만에 하나 제 편지를 다른 사람에게 보여주셨다는 것을 제가 알게 된다면, 형제님의 영적 발전을 위한 저의 모든 바람으로 인해 다시는 이런 이야기를 할 수 없을 것입니다. 제가 형제님께 드릴 수 있는 말씀은 아래와 같습니다.

오직 하나님만의 소유되기

하나님께 이르는 여러 가지 방법들과 경건을 훈련하는 다양한 방식들에 대해 이야기하는 많은 책들을 보면서 저는 이러한 것들이 제가 추구하는 것을 용이하게 하기보다는 오히려 더 곤혹스럽게 할 뿐이라는 생각이 들었습니다.

제가 원하는 것은 제 자신과 저의 삶이 어떻게 하면 온전히 하나님의 소유가 될까 하는 것이었습니다. 하나님의 소유가 되기 위해서는 결단이 필요했습니다. 제 자신을 온전히 하나님께 드려 그분이 저의 죄를 없이 하신 후에, 저는 하나님을 사랑하기 위해 그분이 아닌 모든 것을 포기하고 세상에 마치 하나님과 나밖에 없는 것처럼 살기 시작했답니다.

부단히 하나님 생각하기

하나님께 헌신하여 살다보니, 어느 때 저는 자신을 하나님 심판대 앞에 엎드린 가여운 죄인으로 여기기도 하고 또 어느 때는 자상한 아버지를 마음속에 품고 있는 자녀로 여기기도 합니다.

저는 할 수 있는 한 자주 하나님을 예배하며, 하나님의 거룩한 임재에 제 마음을 고정시키려 합니다. 간혹 제 생각이 그분을 떠나 다른 곳을 헤매고 있음을 발견하면 곧 생각을 돌이켜 그분의 임재를 떠올리곤 합니다. 이런 훈련이 조금도 고통스럽게 여겨지지는 않았으며, 저에게 일어나는 모든 어려운 일들에도 불구하고 저는 이 훈련을 계속했습니다. 저도 모르는 사이에 생각이 다른 곳에 가 있을지라도 결코 괴로워하거나 불안해하지 않으면서 말입니다. 정해진 기도 시간은 물론 하루 종일 이것을 저의 할 일로 삼았습니다. 매 시간, 매 분, 심지어 일이 한창 바쁠 때에도 저는 하나님에 대한 생각을 중단시킬 가능성이 있는 모든 것들을 제 마음에서 몰아냈습니다.

자연스럽고 습관적인 연습

이 같은 것들이 제가 신앙에 입문한 이래 쭉 연습해온 것들입니다. 비록 매우 불완전한 방법이긴 해도 저는 이런 연습으로 많은 유익을 얻었습니다. 또한 이제껏 지나온 모든 것이 다 하나님의 순전한 자비와 선하심 덕분임을 고백하고 싶습니다. 하나님

없이는 우린 아무것도 할 수 없기 때문이지요. 게다가 저는 어떤 사람보다도 더 보잘것없는 존재입니다. 하지만 우리가 신실하게 하나님의 거룩한 임재 안에서 떠나지 않는다면, 그리고 늘 우리 자신보다 그분을 앞세운다면, 이를 통해 우리는 하나님을 거스르거나 고의적으로 그분을 불쾌하게 만들지 않게 될 뿐만 아니라, 우리 안에 거룩한 자유가 생겨나며, 이렇게 말해도 될지 모르겠지만, 하나님을 친밀하게 대할 수 있게도 되고 이런 친밀함 안에서 우리가 필요로 하는 은혜를 구할 수도 있습니다.

결론적으로 이런 행동들을 자주 반복함으로써 그 행동들은 습관이 되고, 그래서 하나님의 임재는 우리에게 처음부터 아주 자연스러웠던 것처럼 된다는 것입니다. 바라건대, 아무리 찬미해도 충분치 않을, 저를 향한 하나님의 큰 선하심에 대해, 그리고 저 같은 비참한 죄인에게 베푸신 그 많은 은총에 대해 저와 함께 주님께 감사를 드렸으면 좋겠습니다. 만물이 하나님을 찬양하기를, 아멘.

주님 안에서 형제님의 신실한 벗 드림.

| 두 번째 편지 |

'연습'은 어떻게 전개되는가

형제님께.

제가 접했던 책을 통해서는 제게 합당한 삶의 방식을 찾을 수 없었기에 ― 비록 그 사실에 대해 별 불편함은 없지만 ― 이 문제에 대한 형제님의 생각을 알 수 있다면 기쁠 것입니다.

며칠 전 한 경건한 사람과 대화를 나누었습니다. 그에 따르면 영적 삶이란 은혜의 삶으로서, 노예적인 두려움에서 시작하여 영생에 대한 소망으로 강해지고 순전한 사랑으로 완성된다고 했습니다. 그리고 각 상태마다 서로 다른 단계들이 있고 각각의 단계를 밟음으로써 사람은 마침내 복된 완성 지점에 이른다고 합니다.

'연습'은 어떻게 전개되는가.

저는 이 모든 방식들을 다 따르지는 않았습니다. 오히려 그 방식들은 저를 실망시킨다는 것을 알았습니다. 그래서 저는 차라리 하나님 앞에서 나 자신과 그 외의 모든 것을 다 포기하기로 결심했습니다. 그것은 하나님의 사랑에 대해 제가 할 수 있는 최선의 보답이었기 때문입니다.

이곳에 들어와서 처음 한 해 동안 저는 정해진 경건의 시간이 되면 대개 죽음 · 심판 · 천국 · 지옥 그리고 저의 죄에 대한 생각에 골몰하곤 했습니다. 그리고 그 후 몇 년 간은 경건의 시간 외에도 하루 종일, 심지어 한창 일하는 중에도 조심스럽게 하나님의 임재하심에 마음을 쏟았습니다. 늘 나와 함께 하시며, 내 안에 계시기도 하는 그분을 생각하면서 말입니다.

그러다가 저는 마침내 정해진 기도 시간에도 부지중 그렇게 하기에 이르렀고, 이로 인해 제 안에는 큰 기쁨과 위로가 생겨났습니다. 이 연습으로 제 안에는 하나님을 지극히 높이고 존중하는 마음이 일었고, 그 점에 있어서는 오직 믿음만이 저를 만족시킬 수 있을 정도가 되었습니다.*

초기에 씨름했던 문제들

시작은 그러했지만, 처음 십 년 동안은 상당히 고통스러웠다는 것을 말씀드리지 않을 수 없군요. 제가 바라는 만큼 하나님께 헌신하지 못했고 죄가 마음에서 늘 떠나지 않았으며, 자격 없는 저에게 하나님께서 큰 은총을 베푸셨다는 생각이 오히려 저를 괴롭게 만들기도 했습니다. 이 시기에 저는 자주 실족했고, 힘겹게 다시 일어서야 했습니다. 모든 피조물, 이성 그리고 하나님께서도 저를 대적하는 것 같았고 오직 믿음만이 제 편이었습니다. 가끔은 제가 그렇게 큰 은총을 입었다고 믿는 게 나의 주제넘은 추측은 아닌가, 다른 사람들은 힘들게 도착한 지점에 나는 즉시 이른 척하는 게 아닌가 하는 생각에 괴로웠고, 또 어떤 때는 이건 다 고집스러운 미망(迷妄)이며 나에게 구원 같은 건 없다는 생

---

* 내가 생각하기에 이 말은, 그가 하나님에 대해 형성할 수 있었던 명료한 개념들이 그에게는 모두 불만족스러웠다는 의미인 듯하다. 왜냐하면 이 개념들이 하나님께 어울리지 않는다고 생각했기 때문이다. 그래서 그의 마음은 믿음에 의해서만 만족할 수 있었으니, 믿음이란 하나님을 인간의 생각으로 제한시켜 이해하는 것이 아니라 스스로 존재하시는 무한하고 불가해(不可解)한 분으로 이해하는 것이었다.

각이 들기조차 했습니다.

 이런 고민 속에서 일생을 마치고마는 것은 아닌가 하는 고민에 한 동안 빠져 있었는데(그렇다고 해서 하나님께 품고 있는 저의 신뢰가 줄어든 것은 아니며, 위와 같은 고민은 오히려 제 믿음을 더 크게 해주었습니다), 저는 제 자신이 달라진 것을 갑자기 깨달았습니다. 그리고 제 영혼 — 당시까지도 괴로움 중에 있던 제 영혼 — 은 마치 그 중심점, 안식처에 있는 것처럼 깊은 내적 평안을 느꼈습니다.

현재 상태

 그 이후로 저는 단순하게 믿음으로, 그리고 겸손과 사랑으로 하나님 앞에서 행하고 있으며, 하나님을 거스를 만한 일은 행하지도, 생각하지도 않으려고 열심히 애쓰고 있습니다. 저는 다만 제가 할 수 있는 일을 다 하고 나면 하나님께서 당신이 기뻐하시는 일들을 제게 해주시기를 바랄 뿐입니다.

 현재 제 안에서 일어나고 있는 일에 대해서는 표현하기가 어렵습니다. 지금은 고통도 없고 두려움도 없습니다. 또한 하나님의 뜻 외에 다른 아무 뜻도 가지고 있지 않으며, 모든 일에서 그분의 뜻을 이루려 애쓰고 있습니다. 하나님을 거스르거나 하나님 사랑이라는 동기에서 벗어나는 일이면 길에서 지푸라기 하나 줍지 않을 정도로 그분의 뜻에 철저히 순종하고 있습니다.

저는 모든 형식적인 경건 생활이나 틀로 정해진 기도를 그쳤습니다. 주어진 상황 속에서 그분과 교제하고 있습니다. 또한 저는 하나님의 거룩한 임재 안에서 인내하기 위해 애쓰고 있습니다. 그 안에서 저는 하나님께 순전히 집중하며 전폭적인 애정을 드리는데, 그것을 저는 하나님의 '실제적 임재'라 칭하고 싶습니다. 아니, 좀더 좋게 표현하자면, 하나님과 영혼과의 습관적이며 고요하고 은밀한 대화라고 할까요. 내적으로 그리고 때로는 외적으로도 기쁨과 황홀경을 느끼게 해주는 대화, 남에게 드러나지 않도록 적절히 조절할 수단을 사용하지 않으면 안 될 만큼 큰 기쁨과 황홀경을 안겨주는 대화 말입니다.

스스로에 대한 로렌스 형제의 생각

간단히 말해, 저는 제 영혼이 지난 30여 년 동안 하나님과 함께 해왔다는 것을 확신하고 있습니다. 따분하다 싶은 많은 얘기들은 건너뛰고, 다만 저의 왕이신 하나님 앞에서 스스로를 어떻게 생각하고 있는지 알려드려야 할 것 같습니다.

저는 스스로를 인간 중에서 가장 형편없는 자, 상처와 부패로 얼룩지고, 왕이신 분을 거슬러 온갖 종류의 범죄를 저지른 자로 여깁니다. 그 모든 일들에 회한을 느끼면서, 저의 사악함을 하나님께 고백하고 그분의 용서를 구하며 그분의 뜻대로 처분하시도록 저 자신을 그분의 손에 맡겼습니다. 그러나 자비와 선함으로 충만하신 왕께서는 저를 징계하시기는커녕 오히려 사랑으로 안아주시고, 당신의 상(床)에서 먹게 하시고, 그 손으로 친히 먹여주시고, 보배함을 열 수 있는 열쇠를 제게 주셨습니다. 그분은 수천수만 가지의 방법으로 쉼없이 저와 얘기 나누기를 기뻐하시고, 모든 면에서 당신의 은총을 받는 자로 대해 주십니다. 그래서 순간순간 저는 제 자신이 하나님의 거룩한 임재 안에 있는 것으로 여깁니다.

그분의 임재를 연습하는 가장 유용한 방법은 단순하게 주의를 집중하는 것과 뜨거운 열정으로 하나님을 존중하는 것인데, 이럴 때 저는 어린아이가 어머니의 가슴팍에서 느끼는 것보다 더 큰 달콤함과 기쁨으로 하나님 품에 안겨 있는 저의 모습을 자주 봅니다. 감히 이런 표현을 써도 될지 모르겠지만, 저는 하나님의 가슴(bosom)이라 부르겠습니다. 거기서 말로 표현할 수 없는 달콤함을 맛보고 체험하기 때문이지요.

궁핍함과 저의 연약함으로 인해 생각이 이따금씩 다른 곳을 헤맬 때도 있습니다. 그럴 때마다 저는 너무도 매혹적이고 향기로운 내적 움직임에 의해 부름을 받고 곧 제 정신으로 돌아옵니다. 형제님께서도 잘 알고 계시지만 제가 얼마나 형편없는 사람인지를 곰곰이 생각해 보시기를 바랍니다. 저같이 무가치하고 배은망덕한 자에게 하나님이 베푸신 큰 은총이 더욱 빛날 것입니다.

기도에 대한 태도

저에게 있어 정해진 기도 시간은 동일한 훈련의 연속일 뿐입니다. 때로 저는 제 자신이 조각가가 자기 앞에 세워놓은 돌 같다고 생각합니다. 조각가는 그 돌을 깎아 작품을 만들겠지요. 이렇게 하나님 앞에 제 자신이 놓여 있을 때, 저는 하나님께서 제

"저는 어린아이가 어머니의 가슴팍에서 느끼는 것보다

더 큰 달콤함과 기쁨으로

하나님 품에 안겨 있는 저의 모습을 자주 봅니다."

영혼 안에 하나님의 완벽한 형상을 새겨 주시기를, 저를 완전히 하나님과 똑같이 만들어 주시기를 갈망합니다.

또 어느 때 기도에 열중하고 있다 보면 제 모든 영과 혼이 높이 들려올라가는 느낌을 받기도 합니다. 제 편에서 어떤 주의나 노력을 기울이지 않는데도 말입니다. 그리고 하나님께서 붙드시고 그분 안에 든든하게 고정되어 있는 한 그 기도는 계속됩니다. 주님은 그 중심이요 안식처가 되십니다.

이런 상태를 무위(無爲), 망상, 자기애(自己愛)라고 비난하는 이들이 있다는 것도 잘 압니다. 하지만 저는 이것이 거룩한 무위(無爲)이며, 만일 그 상태에 있는 영혼이 자기애(自己愛)에 빠질 수 있다면 그것은 행복한 자기애임을 고백하고 싶습니다. 왜냐하면 영혼이 그런 안식 상태에 있는 동안에는 전에 그에게 익숙했던 행위들이 간섭하지 못할 것이기 때문입니다. 영혼을 지탱시켜 주던 행위들도 그런 상태에서는 도움보다는 오히려 방해만 될 뿐입니다.

이런 상태를 망상이라고 칭하는 것도 참을 수 없습니다. 이런 식으로 하나님을 즐거워하는 영혼은 그 상태에서 오직 하나님 외에 다른 아무것도 바라지 않기 때문입니다. 만일 이것이 제 안에 있는 망상이라면 하나님께서 치료하실 것입니다. 하나님의 원대로 저를 다루시기를 소망합니다. 저는 오직 그분만을 바라고, 전적으로 그분께만 헌신하기를 바랍니다. 하지만 형제님의 생각을 제게 알려 주시는 호의를 베풀어 주신다면 저는 그 의견에 언제나 크나큰 경의를 표할 것입니다. 저야 말로 형제님을 특별히 존경하고 있기 때문입니다.

우리 주님 안에서 형제님의 벗된 자 드림.

| 세 번째 편지 |

최대한 자주 하나님을 생각하십시오

우리에게는 끝없이 은혜로우시며 우리의 모든 필요를 잘 아시는 하나님이 계십니다. 그분은 형제님에게도 찾아오셔서 형제님을 지금의 그 어려움으로부터 건져 주실 것입니다.

그분이 언제 오실지는 오직 그분만이 아십니다. 어쩌면 형제님이 전혀 예상하지 못했던 때에 오실지도 모르겠습니다. 하지만 그 때가 그분의 완전한 시간임은 분명합니다. 그러니 그 어느 때보다 더 하나님을 믿고 의지하십시오. 하나님께서 형제님에게 베푸신 은총, 특히 고통중에서 의연할 수 있고 인내하게 해주신 것에 대해 저와 함께 감사드렸으면 좋겠습니다. 이는 하나님께서 형제님을 돌보고 계시다는 뚜렷한 증거입니다. 그러므로 낙심하지 마시고 모든 것에 대해 감사하십시오.

동료 신자에게 주는 조언

_____ 씨의 꿋꿋함과 담대함에도 찬사를 보냅니다. 하나님께서 그에게 좋은 기질과 선한 뜻을 주셨습니다. 하지만 그에게는 아직도 세상적인 것이 조금 남아 있고 청년의 혈기도 상당합니다. 하나님께서 그에게 허락하신 고통이 그에게 유익한 치료제가 되어 자신을 깊이 살필 수 있는 계기가 되었으면 합니다. 얼마 전 그에게 일어난 그 사고는 그가 언제 어디서나 자신과 동행하시는 하나님을 전폭적으로 신뢰하게 되는 좋은 기회로 삼아야야 합니다. 가능한 한 자주, 특히 크나큰 위험에 처했을 때 더욱 자주 하나님을 생각하라고 하십시오. 마음이 조금 고양되는 것만으로도 충분합니다. 행군중이거나 한 손에 검을 잡았을 때, 잠시라도 하나님을 기억하거나 마음속으로 예배드릴 수 있다면 그것이 곧 기도입니다. 그 시간이 아무리 짧을지라도 이런 기도는 하나님께서 잘 받아주십니다. 병사가 위험에 처했을 때 이런 기도는 담대함을 위축시키기는커녕 그의 용기를 최상으로 강화시켜 줍니다.

마음으로 짧은 찬양을 드리라

할 수 있는 최대한으로 하나님을 생각하도록 그를 격려하십시오. 작지만 거룩한 이 훈련에 조금씩 익숙해지게 하십시오. 어느 누구도 알아차리지 못할 만큼 마음으로 짧게 드리는 이 찬미를 자주 되풀이하는 것은 그리 어렵지 않은 일입니다. 최대한 자주 하나님을 생각하되 여기 지시된 방식대로 하라고 추천해 주십시오. 생명이 위태로운 지경에 날마다 노출되는 병사에게 이는 아주 적합하고도 필요한 방법입니다. 하나님께서 제가 섬기는 그와 그의 온 가족을 도우시기를 소원합니다.

그들의 벗이자 형제님의 벗으로부터.

⟨네 번째 편지⟩
하나님의 임재라는 보화를 향유하십시오

우리 수도회 사람 하나가 '하나님의 임재'로부터 얻은 감탄할 만한 결과와 계속적인 도우심에 관해 제가 어떤 소회(所懷)를 갖고 있는지 신부님께 이야기할 기회가 생겼군요. 신부님과 저 우리 둘 모두 유익을 얻게 되기를 바랍니다.

임재 연습에서 얻는 감탄할 만한 결과

신앙생활을 해온 지난 40여 년 동안 그가 계속해서 관심을 가져온 문제는, 언제나 하나님과 함께 있는 것, 그리고 하나님을 거스를 만한 것은 행하지도, 말하지도, 생각하지도 않는 것이었답니다. 그는 다른 어떤 목적도 아닌 순전히 하나님 사랑만을 염두에 두고서 그렇게 하고자 했습니다. 왜냐하면 하나님은 우리의 그런 헌신을 받으시기에 전적으로 합당한 분이시니까요.

이제 그는 하나님의 임재에 아주 익숙해져서, 필요할 때마다 그분의 임재를 통한 친밀한 사귐으로부터 계속 도움을 얻고 있습니다. 약 30년 동안 그의 영혼은 지속적으로 크나큰 기쁨으로 충만해 왔고, 때로는 그것이 겉으로 드러나지 않도록 힘들게 조절해야만 할 정도가 되었습니다.

영혼이 표류할 때

때로 그가 거룩한 임재에서 조금 멀리 떠나 있을 때면, 하나님께서 곧 그의 영혼에 간섭하셔서 하나님을 생각하게 만드시는데, 이런 일은 흔히 그가 물질 세상의 일에 골몰해 있을 때 일어납니다. 그는 하나님을 향해 마음을 고양시키거나 혹은 유순하고 다정하게 하나님께 주목함으로써, 혹은 하나님과 사랑에 빠진 사람이 이런 경우에 하는 말, 이를테면 '나의 하나님, 여기 당신께 모든 것을 헌신한 제가 있습니다. 주님 뜻에 따라 저를 빚으소서'라고 말함으로써 이런 내적인 이끌림에 엄중한 충성심으로 응답합니다.

그러면 그가 보기에(결과적으로 그가 느끼기에) 이 사랑의 하나님께서 그 몇 마디 말에 만족하셔서 그의 영혼 가장 깊은 곳과 가장 중심되는 곳에 다시 머무시는 것 같습니다. 이런 일들에 대한 경험은 하나님이 언제나 자기 영혼의 기저(基底) 혹은 기초에 계심을 알게 하기에 어떤 일이 닥치든 결코 그 사실을 의심할 수 없게 해줍니다.

자기 안에서 그토록 큰 보화를 계속 발견하는 동안 그가 어떤 만족감과 충족감을 누리는지 판단해 보십시오. 이제 그는 불안스럽게 보화를 찾아 헤매지 않습니다. 그 보배함이 그의 앞에 놓인 채 열려 있고 그가 갖고 싶은 것을 언제든지 가질 수 있기 때문이지요.

하나님의 임재라는 보화를 향유하지 못하는 것에 대하여

그는 우리의 눈먼 상태에 대해 크게 안타까워하면서, 스스로에 대해 그다지 만족하지 못하는 우리들은 불쌍한 사람들이라고 자주 외칩니다. 그는 이렇게 말합니다. "하나님은 무한한 보화를 소유하고 계십니다. 우리가 약간의 정성으로 그분께 마음을 기울여 헌신하기만 해도 그 보화를 취할 수 있습니다. 그 일은 한순간에도 가능합니다. 그런데도 우리는 눈이 멀어 오히려 하나님을 훼방하고 그분의 은혜가 흘러들어오는 것을 막아버립니다.

만일 하나님께서 한 영혼 속으로 생명력 있는 믿음이 깊이 스며드는 것을 보신다면, 하나님은 그 영혼에 당신의 은혜와 은총을 풍성히 부어주실 것입니다. 그 은혜와 은총은 거센 물결이 되어 흐르고, 강제로 그 흐름을 막는다 해도 어디론가로 빠져나가 맹렬한 기세로 흘러 넘치게 될 것입니다."

그렇습니다. 급류처럼 넘쳐흐르는 이 은혜와 은총에 우리가 높은 가치를 두지 않기에 그 흐름을 끊어버릴 때가 많습니다. 하지만 이제는 그 흐름을 막지 맙시다. 우리 자신 안으로 들어가 그 흐름을 막고 있는 둑을 허물어냅시다. 은혜가 흐를 길을 만듭시다. 잃어버린 시간을 되찾읍시다. 어쩌면 시간이 얼마 남지 않았을지도 모릅니다. 죽음이 우리를 바짝 따라오고 있습니다. 죽음을 잘 준비합시다. 우리는 한 번은 죽기 마련인데 거기서 실책이 있으면 만회할 수가 없기 때문입니다.

"우리 자신 안으로 들어가 그 흐름을 막고 있는
둑을 허물어냅시다."

영적 발전을 위한 도전의 말

다시 한번 말씀드리는데, 우리 자신을 돌아봅시다. 머뭇거릴 여유가 없습니다. 우리의 영혼에 관한 문제니까요. 신부님도 효과적인 이 방법을 접해보셨을 테니 그다지 놀라지 않으실 것이라 믿습니다. 이것은 꼭 필요한 일입니다. 이 일을 실천하기 위해 항상 노력을 기울여야 합니다. 영적 생활에 진보가 없다는 것은 결국엔 후퇴하고 있다는 뜻이기 때문입니다. 하지만 강한 바람과 같은 성령님을 소유한 사람이라면 잠을 자면서도 앞으로 나아갑니다. 우리 영혼의 배가 여전히 바람과 폭풍에 이리저리 요동한다면, 그 바람과 폭풍 가운데서 쉬고 계신 주님을 깨웁시다. 그러면 그분께서 속히 바다를 잔잔케 하실 것입니다.

제가 품고 있는 개인적인 의견들을 편안한 마음으로 신부님과 나누었습니다. 제가 말씀드린 내용에 비추어 신부님의 상태를 돌아보시기 바랍니다. 불행히도 신부님의 선한 생각들이, 아무리 약간일망정, 차가워졌다면(맹세코 이는 참 불행한 일입니다) 이런 생각들로 다시 불붙어 타오르게 할 수 있을 것입니다. 그런 다음 우리의 처음 열정을 떠올려 봅시다. 이 형제가 보여준 본보

기와 교훈들로 유익을 얻읍시다. 그는 세상에는 별로 알려진 사람이 아니지만 하나님은 그를 알고 계시고, 지극히 아끼십니다. 저는 신부님을 위해 기도합니다. 신부님께서도 저를 위해 쉼없이 기도해 주시기 바랍니다.

우리 주님 안에서 신부님의 벗된 자 드림.

| 다섯 번째 편지 |

임재 연습을 지금 결단하십시오

오늘 ___ 자매에게서 책 두 권과 편지 한 통을 받았습니다. 자매는 서원할 준비를 하고 있고, 그 때문에 신부님의 성회(聖會), 특히 신부님의 기도를 바라고 있더군요. 제가 느끼기로 자매님은 기도의 가치를 크게 평가하고 있는 것 같았습니다. 기도는 자매님을 실망시키지 않을 것입니다. 자매님이 오로지 하나님 사랑만을 염두에 두고 자신을 바칠 수 있도록, 그리고 하나님께 전적으로 헌신하려는 단호한 결단으로 그렇게 할 수 있도록 하나님께 구해 주시기 바랍니다. 오늘 받은 책 중에 한 권을 신부님께 보냅니다. 이 책은 '하나님의 임재'를 다루고 있는데, 제가 생각하기에 이는 영적 생활 전반을 포괄하고 있는 주제입니다. 그리고 누구든 이것을 제대로 훈련하는 사람은 곧 경건한 사람이 될 것이라 여겨집니다.

하나님과 계속 대화를 나누는 즐거움

하나님과 계속 대화를 나누려면 마음속이 아무것도 없이 텅 비어 있어야 합니다. 하나님은 오직 마음을 소유하실 것이기 때문입니다. 다른 모든 것을 치워 없애지 않으면 하나님께서 이 마음을 소유하실 수 없습니다. 마찬가지로 그분께 그 마음이 비워지지 않고서는 하나님은 마음에서 일하실 수 없고 그 기뻐하시는 바대로 우리 마음 안에서 행하실 수도 없습니다.

이 세상에서 하나님과 계속하여 대화를 나누는 삶보다 더 달콤하고 즐거운 인생은 없습니다. 이것을 실천하고 경험해본 사람들만이 제 말이 무슨 뜻인지 알 수 있습니다. 하지만 그런 동기에서 이 훈련을 하도록 조언하는 것은 아닙니다. 우리가 추구하는 것은 즐거움이 아닙니다. 사랑 때문에 이 훈련을 하도록 합시다. 하나님께서 우리를 그렇게 대하시기 때문입니다.

제가 만일 설교자라면, 다른 모든 것보다도 먼저 하나님의 임재를 연습하라고 설교할 것입니다. 제가 만일 지도자라면, 온 세

"하나님과 계속 대화를 나누려면 마음속이
아무것도 없이 텅 비어 있어야 합니다.
하나님은 오직 마음을 소유하실 것이기 때문입니다.
다른 모든 것을 비워 없애지 않으면
하나님께서 이 마음을 소유하실 수 없습니다."

상 사람들에게 이것을 행하라고 조언할 것입니다. 그만큼 저는 이것이 꼭 필요하며 또 쉬운 일이라고 생각합니다.

하나님의 임재를 연습하라는 간청

아! 우리가 하나님의 은혜와 도우심이 필요한 존재임을 안다면 우리는 하나님을 '단 한 순간도' 시야에서 놓치지 않을 것입니다. 제 말을 믿으시고 앞으로 다시는 하나님을 의도적으로 잊지 않겠노라고, 이제 남은 인생은 하나님의 거룩한 임재 안에서 지내겠노라고 즉시 구별되고 단호한 결단을 내리십시오. 하나님이 원하신다면 이생의 모든 위로들조차 마다하면서 말입니다.

진심으로 이 일에 착수하십시오. 그리고 마땅히 행해야 하는 대로 살면 곧 그 결과를 얻을 것을 확신하십시오. 비록 보잘것없지만 제 기도로 신부님을 돕겠습니다. 신부님과 신부님이 속한 거룩한 회(會)의 형제들의 기도에 저를 맡깁니다.

그 형제들의 벗이자 특별히 신부님의 벗인 자로부터.

| 여섯 번째 편지 |

주님을 전폭적으로 신뢰해야 합니다

신부님께.

부인 편에 신부님께서 제게 보내주시는 물건들을 전해 받았습니다. 일전에 보내드린 소책자에 대한 신부님의 생각을 말씀해 주시지 않아 궁금합니다. 분명히 받으셨을 텐데 말입니다. 노령이시지만 하나님의 임재를 경험하는 그 연습을 시작하시기를 부탁드립니다. 아주 안 하는 것보다는 늦게라도 하는 게 좋으니까요.

로렌스의 하나님 임재 체험

신앙인들이 어떻게 하나님의 임재를 연습하지 않고도 만족스런 삶을 살 수 있는지 이해할 수가 없습니다. 제 경우를 보면, 저는 할 수 있는 한 많은 시간을 하나님과 더불어 제 영혼의 가장 깊은 곳 혹은 가장 중심이 되는 곳으로 물러나 앉는 연습을 계속합니다. 그리고 그렇게 하나님과 함께 있는 동안에는 아무것도 두렵지 않지만, 하나님에게서 조금이라도 고개를 돌리게 되면 견디기가 힘듭니다.

이 훈련은 몸을 그다지 피곤하게 하지는 않지만, 무해하고 합법적인 소소한 즐거움들을 많이 앗아가는 경우가 종종 ─ 아니 자주 ─ 있습니다. 하나님은 당신께만 전적으로 헌신하려는 영혼이 하나님과 함께 있는 것 말고 다른 즐거움을 취하는 것을 허용하지 않으실 테니까요. 충분히 그럴 수 있는 일입니다.

다른 염려는 제쳐 놓으라.

이것이 우리가 스스로를 강제로 묶어두어야 한다는 말은 아닙니다. 오히려 우리는 거룩한 자유함 가운데 하나님을 섬겨야 합니다. 염려나 불안감 대신 신실한 태도로 자기에게 맡겨진 일을 하되 조심스럽게, 평온한 마음으로, 우리의 생각이 하나님께만 머무르도록 애쓰십시오. 가끔씩 우리 마음이 하나님을 떠나 다른 곳을 헤맬 때마다 즉시 돌이켜 자주 하나님을 생각해야 합니다.

또한 우리는 하나님께 전폭적인 신뢰를 두어야 합니다. 다른 모든 염려들은 다 제쳐 놓아야 합니다. 심지어 어떤 특정한 형태의 경건, 이를 테면 그 자체로서는 아주 훌륭하지만 과도하게 몰두하는 경우가 잦은 그런 경건의 연습까지도 말입니다. 그런 경건의 연습들은 목적에 이르는 수단에 불과하기 때문입니다. 하나님의 임재 연습에 의해 우리의 목적이신 하나님과 함께 있을 때에는 이 같은 수단들로 다시 돌아갈 필요가 없습니다.

계속 그분과 사랑으로 교제하면서 한편으로는 찬양과 찬미와 혹은 간구의 행위로, 다른 한편으로는 자기 포기나 감사의 행위 그리고 우리 영혼이 생각해낼 수 있는 모든 방법으로 그분의 거룩하신 임재 안에 머무르십시오.

이런 훈련을 하다가 본성적으로 반감이 느껴지더라도 낙담하지 마십시오. 우리는 때로 자신에게 좀 내키지 않는 일도 할 수 있어야 합니다. 처음엔 시간 낭비라는 생각이 자주 들 것입니다. 그래도 계속하십시오. 어떤 난관에 부딪치더라도 죽을 때까지 꿋꿋이 실천하기로 결단하십시오. 그 결과는 신부님이 상상하지 못했던 놀라움으로 드러날 것입니다.

   신부님의 회(會)와 특별히 신부님의 기도에 저를 맡깁니다.

   주님 안에서 신부님의 벗된 자 드림.

| 일곱 번째 편지 |

어디 있든 주님을 그리워하십시오

　참으로 유감스러운 일입니다. 모든 일을 다 ＿＿에게 맡기고 신부님의 남은 삶을 오직 하나님을 예배하는 데에만 바칠 수 있다면 그건 정말로 중요한 일일 것입니다. 하나님은 우리에게 큰 것을 요구하시지 않습니다. 순간순간 하나님을 짧게나마 기억하는 것, 잠시 동안의 찬양, 때때로 하나님의 은혜를 구하는 기도와 때때로 하나님을 위해 고난당하는 것, 환난중에 있을 때 하나님께서 여전히 베풀고 계신 은총에 때때로 감사드리는 것, 할 수 있는 한 자주 하나님으로 자신을 위로하는 것으로 충분합니다. 하나님을 향해 마음을 여십시오. 식사를 할 때도 좋고 벗들과 함께 있을 때도 좋습니다. 아주 잠깐 하나님을 기억하기만 해도 하나님께서는 언제나 기쁘게 받으실 것입니다. 큰 소리로 부르짖을 필요가 없습니다. 하나님은 우리가 느끼는 것보다 더 가까이 계십니다.

어디 있든 하나님의 임재를 즐거워하라

하나님과 함께 있기 위해 항상 교회에 있을 필요는 없습니다. 우리 마음의 기도실을 만들어 시시때때로 그 안에 들어가 온유함과 겸손함과 사랑으로 하나님과 대화를 나눌 수 있습니다. 시간이 많든 적든 누구나 다 하나님과 그렇게 친근한 대화를 나눌 수 있습니다. 하나님은 우리가 그렇게 할 수 있다는 것을 아십니다. 그렇다면 시작해 봅시다.

어쩌면 하나님은 우리 편에서의 너그러운 결단만을 기대하고 계신지도 모릅니다. 용기를 내십시오. 우리에게는 남은 시간이 별로 없습니다. 신부님은 예순이 넘으셨고, 저는 거의 여든 살입니다. 우리, 하나님과 함께 살다가 죽으십시다. 하나님과 함께 있는 동안에는 고난도 달콤하고 유쾌할 것입니다. 하나님과 함께가 아니라면 가장 큰 즐거움도 우리에게는 가혹한 징벌이 될 것입니다. 하나님이 모든 이들에게 복이 되어 주시기를, 아멘.

"하나님과 함께 있기 위해
항상 교회에 있을 필요는 없습니다.
우리 마음의 기도실을 만들어
시시때때로 그 안에 들어가
온유함과 겸손함과 사랑으로
하나님과 대화를 나눌 수 있습니다."

하나님에 대한 확신을 갖고 행동하라

하나님께 예배하고 그분의 은혜를 구하며 일을 하는 중에도 때때로, 할 수 있다면 매순간마다 하나님께 마음을 드리는 데 점차적으로 익숙해지십시오. 어떤 일정한 수칙이나 특정한 형태의 경건 훈련에 빈틈없이 자신을 얽매이게 하지 말고, 하나님께 대한 전반적인 확신을 갖고서 사랑과 겸손으로 행동하십시오. 보잘것없지만 제가 기도한다는 것, 그리고 저는 기도의 종이라는 것을 확신하셔도 좋습니다.

우리 주님 안에서 특별히 신부님의 형제된 자로부터.

| 여덟 번째 편지 |

임재를 유지하려면

    신부님이 제게 들려주신 말씀은 뭐 새로울 것이 없습니다. 기도 중에 다른 생각을 하게 되는 것 때문에 고민하는 사람이 신부님만은 아니니까요. 사람의 생각(mind)은 극도로 산만합니다. 하지만 의지(will)는 인간의 모든 기능의 주인인 만큼, 의지를 사용해 흩어진 모든 생각들을 불러모은 다음 그 마지막 목적지인 하나님께로 데리고 가야 합니다.

    기도중에 다른 생각을 하는 이유는 처음에 경건 생활을 시작할 때 묵상으로 생각을 충분히 가다듬지 못한 탓이 큽니다. 경건 생활 초기에 신중하지 못하여 기도중에 마음이 이리저리 흩어져 방황하는 나쁜 습관이 들어버리면, 나중에 그것을 극복하기가 힘이 들고 우리의 의지와는 상관없이 그 습관이 우리를 세상 일들로 이끌어가는 경우가 흔합니다.

치료책

이에 대한 한 가지 치료책은 하나님 앞에 우리 허물을 고백하고 자신을 겸손하게 낮추는 것이라고 저는 생각합니다. 기도할 때 이런 저런 말들, 다른 생각의 계기가 되는 많은 단어들을 사용하거나 장황한 담론을 늘어놓지 말라고 조언하는 바입니다. 하나님 앞에서 기도할 때는 부자의 대문 앞에서 구걸하는 말 못하는 혹은 중풍에 걸린 거지처럼 잠자코 있으십시오.

주님의 임재 안에 생각을 고정시키는 것을 자신의 할 일로 삼으십시오. 때로 생각이 저절로 하나님을 떠나 방황한다 해도 그 때문에 평정을 잃지는 마십시오. 염려와 불안은 생각을 다시 집중시키기보다는 오히려 더 산만하게 만들 뿐입니다. 평온한 가운데 의지를 발휘해 흩어진 생각들을 다시 불러모아야 합니다. 이런 식으로 끈기 있게 노력하면 하나님께서 신부님을 불쌍히 여기실 것입니다.

하나님의 임재 상태를 엄격하게 유지하라

기도 시간에 생각을 다잡아 평온하게 그 상태를 유지하는 한 가지 손쉬운 방법은 기도 시간이 아닌 때에도 생각이 너무 산만해지지 않도록 단속하는 것입니다. 하나님의 임재 안에 늘 생각을 붙들어 두어야 합니다. 하나님을 자주 생각하는 데 익숙해지면 기도 시간에 마음을 고요히 유지하기가, 아니 적어도 여기저기 흩어진 생각을 다시 불러 모으기가 수월해진다는 것을 알게 될 것입니다.

이러한 하나님의 임재 연습에서 우리가 얻을 수 있는 유익들에 대해서는 이전 편지들에서 이미 개괄적으로 말씀드린 바 있습니다. 진지하게 이 훈련을 시작합시다. 그리고 서로를 위해 기도합시다.

신부님의 벗 드림.

| 아홉 번째 편지 |

인생의 유일한 과제, 하나님의 기쁨

    동봉한 편지는 ____에게서 받은 질문에 대한 회답입니다. 그 자매에게 전해주시기를 부탁드립니다. 제가 보기에 그 자매는 선의(善意)로 충만해 있는 것 같습니다만, 하나님의 은혜보다 종종 앞서 나가곤 합니다. 마치 당장이라도 완전함에 이르려는 것처럼 말입니다. 하지만 잘 아시다시피, 사람은 단번에 거룩해지지는 않습니다.

    신부님의 기도에 그 자매를 맡깁니다. 우리는 서로를 조언으로 도와야 하지만, 무엇보다도 좋은 본을 보여 주는 게 중요하다고 생각합니다. 때때로 자매의 소식을 전해 주십시오. 자매가 지극히 뜨겁고 순종하는 모습을 보이고 있는지 말입니다.

우리 인생의 유일한 과제

우리 인생의 유일한 과제는 하나님을 기쁘시게 하는 것이요 그 외의 다른 모든 것은 다 어리석고 헛될 뿐이라는 사실을 자주 생각합시다. 신부님과 저는 약 40년 간 신앙생활(다시 말해 수도원 생활)을 해왔습니다. 우리는 그 세월을 하나님을 사랑하고 섬기는 데 사용했습니까? 하나님은 바로 그 목적을 위해 자비로 우리를 부르셔서 현재의 상태에 이르게 하셨습니다. 하나님께서 제게 베풀어 주신, 그리고 지금도 끊임없이 베풀고 계신 큰 은총을 생각하면 한편으로 부끄러움과 당황스러움을 금할 길 없고, 다른 한편으로는 제가 그 세월을 잘못 허비했다는 것과 완전함에 이르는 길에서 별로 진전을 보이지 못했다는 생각이 듭니다.

하나님은 그 자비하심으로 아직 우리에게 시간을 더 주고 계십니다. 본격적으로 시작해 보십시다. 잃어버린 시간을 벌충합시다. 자비의 아버지, 언제라도 우리를 다정하게 받아주실 준비가 되어 있는 그분에게로 확신을 갖고 돌아갑시다. 하나님 사랑을 위해, 하나님이 아닌 모든 것을 버려둡시다. 아낌없이 포기합시다. 하나님은 우리의 그런 헌신을 받기에 무한히 합당한 분이

"하나님은 그 자비하심으로
아직 우리에게 시간을 더 주고 계십니다.
본격적으로 시작해 보십시다.
잃어버린 시간을 벌충합시다.
자비의 아버지, 언제라도 우리를
다정하게 받아주실 준비가 되어 있는 그분에게로
확신을 갖고 돌아갑시다."

십니다.

   끊임없이 하나님을 생각합시다. 하나님을 전폭적으로 신뢰합시다. 하나님의 은혜를 풍성히 받고 나면 그 결과를 곧 알게 되리란 것을 의심치 않습니다. 그 풍성한 은혜가 있으면 우리는 모든 걸 다 할 수 있고, 그 은혜가 없으면 우리는 죄밖에 짓지 못합니다.

하나님을 자주 생각하라.

   하나님의 실제적이고 계속적인 도우심이 없다면 우리는 삶의 도처에 널린 위험들을 피할 길이 없습니다. 그러므로 계속 우리를 도와주시기를 하나님께 기도합시다. 그런데 하나님과 함께 있지 않다면 어떻게 하나님께 기도할 수가 있겠습니까? 하나님을 자주 생각하는 것 말고 하나님과 함께 있을 수 있는 방법이 무엇이겠습니까? 거룩한 습관을 들이는 것 말고 하나님을 자주 생각할 수 있는 방법이 무엇이겠습니까?

   신부님은 제가 늘 똑같은 말만 한다고 말씀하실 것입니다. 맞는 말씀입니다. 왜냐하면 이것은 제가 아는 가장 쉽고 가장 좋은 방법이기 때문입니다. 저는 다른 방법은 사용하지 않는 만큼, 모든 사람들이 다 이 방법을 사용할 것을 권합니다. 누군가를 사랑할 수 있으려면 먼저 그 사람을 알아야 합니다. 하나님을 알기 위해서는 자주 그분을 생각해야 합니다. 하나님을 사랑하기에 이르렀을 때, 그때 또한 우리는 하나님을 자주 생각하게 될 것입니다. 사람의 마음은 자기가 귀하게 여기는 것과 함께 있기 때문이지요. 이것은 신부님이 깊이 생각해 볼 만합니다.

신부님의 벗 드림.

〈열 번째 편지〉
주님과 함께 살고 죽으십시다

___ 씨에게 편지를 쓸 마음이 생기기까지 상당히 힘이 들었습니다. 하지만 신부님과 ___ 부인께서 그것을 간절히 원하시기에 제가 지금 그에게 편지를 씁니다. 수취인 주소와 이름을 써서 그에게 보내 주시기 바랍니다. 신부님이 하나님을 그토록 신뢰하시니 저는 매우 기쁩니다. 하나님께서 신부님 안에 그 신뢰를 더욱더 크게 해 주시기를 바랍니다. 그토록 선하시고 인자하신 그분은 우리의 친구가 되어 주시기에, 우리는 어떤 상황이나 형편에서도 그분을 넉넉히 믿고 의지할 수 있습니다. 그분은 또한 신실하셔서 이 세상에서도, 다음 세상에서도 결코 우리를 저버리지 않으십니다.

하나님을 향한 사랑은 친구에 대한 사랑을 넘어서야 한다

___ 씨가 자신의 실패를 오히려 자기에게 유익이 되도록 선용하고 하나님을 전적으로 신뢰한다면 하나님께서는 곧 그에게 다른 친구를 보내 주실 것입니다. 더 힘 있고 그를 더 잘 섬기려는 그런 친구 말입니다. 하나님은 자신이 기뻐하시는 대로 사람들의 마음을 움직이십니다. 아마 ___ 씨는 자기가 잃은 것에 과도하게 집착했을 것입니다. 우리는 친구를 사랑해야 하지만 하나님께 드려져야 할 사랑이 거기에 잠식되어서는 안 됩니다. 하나님 사랑이 우선이어야 하니까요.

낮이나, 밤이나, 일할 때에나 혹은 다른 데 신경을 쓸 때에도 자주 하나님을 생각하라는 제 권면의 말씀을 기억하시기 바랍니다. 하나님은 늘 신부님 가까이에 계시고 신부님과 함께 계십니다. 하나님을 홀로 계시게 하지 마십시오. 사람들은 자기를 찾아온 친구를 홀로 두는 것을 무례한 일이라고 생각합니다. 그런데 왜 하나님은 그래도 된다고 여길까요?

그러므로 하나님을 잊지 마시고, 자주 그분에 대해 생각하고, 계속 그분을 찬양하고, 하나님과 함께 살고 하나님과 함께 죽으십시오. 이것이 그리스도인인 우리가 해야 할 가장 영광스러운 일입니다. 한 마디로 말해 이것이 우리가 고백하는 신앙입니다. 이것을 모른다면 꼭 배워야 합니다. 저는 기도로 신부님을 돕겠습니다.

우리 주님 안에서 신부님의 벗된 자로부터.

〈열한 번째 편지〉
하나님이 두신 자신의 상태에 만족하기

저는 신부님이 고통에서 건짐받기를 기도하지 않고 하나님께서 기뻐하시는 한 그것을 감당할 수 있는 힘과 인내심을 주시기를 간절히 기도합니다. 십자가에 이를 때까지 신부님을 굳게 붙드시는 그분으로부터 위로를 얻으십시오. 하나님께서 적당한 때가 되면 신부님을 놓아 주실 것입니다. 그분과 더불어 고난을 받는 사람은 복이 있습니다. 그러한 고난에 익숙해지십시오. 그 고난이 아무리 크고 오래 되더라도 그것을 참고 견딜 수 있는 힘을 달라고 하나님께 구하십시오. 하나님은 신부님을 위해 가장 적절하게 판단하실 것입니다.

질병에 대한 올바른 견해

세상 사람들은 이러한 진리를 이해하지 못합니다. 이것은 이상한 일이 아닙니다. 그들은 그리스도인에게 있어 고통이 무엇을 의미하는지 모르며, 단지 세상 사람들로서 고통당하기 때문이지요. 그들은 질병을 하나님으로부터 오는 은총이 아니라 사람에게 아픔을 주는 것으로 받아들입니다. 그리고 질병을 오로지 그런 시선으로만 보기 때문에 그들은 질병에서 슬픔과 괴로움밖에는 보지 못합니다. 하지만 질병을 하나님의 손에서 오는 것으로, 하나님의 자비가 나타난 것으로 받아들이고 자신을 구원하기 위해 하나님이 사용하시는 수단으로 여기는 사람은 그 질병에서 오히려 단맛과 위로를 느끼는 것이 보통입니다.

주권적인 치료자

하나님은 우리가 건강할 때보다는 병들었을 때 우리에게 (어떤 의미에서는) 더 가까이 계시고 더 효과적으로 우리 곁에 임재하신다는 사실을 신부님이 확신하셨으면 좋겠습니다. 다른 어떤 의원에게도 의지하지 마십시오. 이것은 제가 생각하는 바인데, 하나님은 신부님을 직접 치료하려고 하십니다. 그러므로 하나님을 전적으로 믿고 의지하십시오. 하나님보다 의원을 더 신뢰함으로써 우리가 일을 지체시키는 경우가 많다는 것을 신부님도 곧 알게 되실 것입니다.

신부님이 사용하시는 약들은 하나님께서 허락하시는 한도 내에서만 효용이 있을 것입니다. 고통이 하나님께로부터 오는 경우엔 하나님만이 그 고통을 치유하실 수 있습니다. 하나님께서는 우리 영혼의 질병을 고치시기 위해 육신에 질병을 보내시는 경우가 흔히 있습니다. 영혼과 육신을 모두 고치시는 주권적인 치료자가 계시다는 것으로 위로를 삼으십시오.

자신의 상태에 만족하라

하나님께서 두신 상태에 만족하십시오. 신부님은 저를 얼마나 행복한 사람으로 생각하실지 모르나 저는 신부님이 부럽습니다. 아픔과 고난도 하나님과 함께 겪는 것이라면 저에게는 낙원일 것이며, 세상에서 가장 큰 즐거움일지라도 하나님 없이 즐기는 것이라면 저에게는 지옥일 것입니다. 그러므로 하나님을 위해 고난당하는 것, 그것은 저에게 크나 큰 위로입니다.

머지않아 저는 하나님께로 가야 합니다. 이생에서 제게 위로가 되는 것 가운데 또 한 가지는 이제 믿음으로 하나님을 보고 있다는 사실입니다. '나는 더 이상 믿지 않는다, 다만 본다'라고 말할 수 있을 만큼, 저는 하나님을 봅니다. 이제서야 믿음이라는 것이 무엇인지, 그리고 그 믿음이 나에게 무엇을 가르치는지 알 듯 합니다. 그 믿음이 내게 말하는 것을 확신하면서, 또한 그 믿음대로 실천하면서 하나님과 함께 살고 죽을 것입니다.

그러므로 계속하여 늘 하나님과 함께 하십시오. 그것이 고통 중에 있는 신부님을 지탱하는 유일한 위로입니다. 신부님과 함께 해주시기를 저도 하나님께 간청하겠습니다. 그것이 제가 신부님을 돕는 길이겠지요.

신부님의 벗 드림.

〈열두 번째 편지〉
하나님을 떠나는 것을 두려워합시다

하나님의 임재 연습에 익숙해지면 그로 인해 육체의 모든 질병은 훨씬 줄어들 것입니다. 하나님은 우리의 영혼을 정화(淨化)시키고 또 계속 하나님과 함께 거하는 은혜를 베푸시기 위해 종종 우리에게 약간의 고통을 허락하시기도 합니다.

고통에 대처하는 법

담대하십시오. 신부님의 고통을 쉼없이 하나님께 아뢰십시오. 그 고통을 감당할 수 있는 힘을 달라고 기도하십시오. 무엇보다도 하나님과 함께 있음을 습관처럼 자주 즐기시고, 하나님을 잊는 시간은 최소한으로 줄이십시오. 병약함 중에 하나님을 찬미하고, 순간순간 자신을 하나님께 드리고, 고통이 극에 달할 때에는 하나님의 거룩하신 뜻에 따를 수 있게 해달라고 겸손하고 다정하게(어린아이가 자기 아빠에게 하듯) 간구하십시오. 보잘것없지만 제 기도로 신부님을 돕도록 노력하겠습니다.

하나님께서는 우리를 자신에게로 이끄시기 위해 여러 방법을 사용하십니다. 때로는 우리에게서 하나님 자신을 숨기시는 경우도 있습니다. 하지만 믿음만이, 곤궁에 처한 우리를 저버리는 일이 절대 없는 믿음만이 우리의 의지가 되어야 하고 우리가 신뢰하는 근거가 되어야 합니다. 전적으로 하나님께만 두어야 할 그 신뢰 말입니다.

하나님 임재의 필요성

하나님께서 저를 어떻게 처분하실지 저는 모릅니다. 저는 늘 행복합니다. 세상 모든 사람들은 다 고통을 당합니다. 그런데 저는, 가장 혹독한 징계를 받아 마땅한 저는 너무 커서 다 감당할 수 없을 정도의 기쁨을 계속 느낍니다.

신부님의 고통을 제가 나누어 감당할 수 있게 해달라고 하나님께 빌고 싶지만, 저는 제 약함을 잘 알고 있습니다. 만약 한 순간이라도 하나님께서 저를 혼자 버려두신다면 살아 있는 사람들 중에서 가장 비참한 인간이 될 만큼 저는 약합니다. 하지만 하나님은 나를 홀로 두지 않으실 것입니다. 우리가 먼저 하나님을 버리지 않는 한 하나님은 절대 우리를 버리지 않으리라는 강력한 확신이 있기 때문이지요. 그 확신은 마치 본능적인 감각처럼 강력합니다. 하나님을 떠나는 것을 두려워합시다. 늘 그분과 함께 있으십시다. 하나님의 임재 안에서 살고 죽읍시다. 제가 신부님을 위해 기도하듯 신부님도 저를 위해 기도해 주시길.

  신부님의 벗 드림.

⟨열세 번째 편지⟩
고통의 때에 기도하는 법

신부님께.

신부님의 병이 그렇게 오래가는 것을 보고 있자니 저도 고통스럽습니다. 신부님의 육체적 고통에 대해 제가 느끼는 안타까움을 그나마 누그러뜨리고 완화시켜 주는 것은 그 고통들이 신부님을 향한 하나님의 사랑의 증거들이라는 사실입니다. 신부님께서 당하는 고통을 그런 관점에서 파악하십시오. 그러면 그 고통을 좀더 수월하게 견뎌낼 수 있을 것입니다.

일이 이러하므로, 모든 치료약 대신 하나님의 섭리에 신부님 자신을 전적으로 맡겨야 한다는 것이 저의 생각입니다. 어쩌면 하나님은 바로 그 포기를 바라시면서 그리고 치유를 위해 하나님을 완벽하게 신뢰하는 것만을 바라시면서 그렇게 기다리고 계시는지도 모릅니다. 신부님의 모든 수고와 노력에도 불구하고 의사들의 치료가 지금까지 아무 소용이 없었고 신부님의 병은 더 깊어지고 있으므로, 하나님의 손에 신부님 자신을 온전히 내어맡기고 모든 것을 그분의 처분에 맡긴다 해도 무모한 일은 아닐 것입니다.

고통의 때에 기도하는 법

하나님께서 우리 영혼의 병을 고치시기 위해 가끔씩 육신의 병을 허용하실 때가 있다고 지난 번 편지에서 말씀드렸습니다. 그러므로 용기를 내십시오. 부득이한 일이라면 꼭 필요한 일이라고 받아들이십시오. 고통에서 건져 주시기를 하나님께 구할 것이 아니라, 그분이 기뻐하시는 일이라면, 하나님 사랑을 위해 결연히 감당할 수 있는 힘을 달라고 구하십시오.

그런 기도는 사실 인간의 본성상 하기 어려운 기도이지만 하나님께서 아주 기쁘게 받으실 만하며, 하나님을 사랑하는 사람들에게는 달콤한 기도입니다. 사랑은 고통을 완화시킵니다. 하나님을 사랑할 때 그 사람은 하나님을 위해 기쁨과 담대함으로 고통을 견딥니다. 신부님도 그렇게 하시기를 간절히 바랍니다. 하나님으로 신부님 자신을 위로하십시오. 그분은 우리 모든 질병을 고칠 수 있는 유일한 의원(醫員)이십니다. 하나님은 고통받는 사람의 아버지로서, 언제라도 우리를 도울 준비가 되어 있으십니다. 하나님은 우리를 무한히 사랑하시되 우리가 상상하는 것 이상으로 사랑하십시오. 그러므로 하나님을 사랑하십시오. 그리고 다른 어떤 곳에서 위로를 구하지 마십시오. 이 편지를 속히 받아보시기를 소원합니다. 안녕히 계십시오. 부족하나마 제 기도로 신부님을 돕겠습니다.

우리 주님 안에서 언제나 신부님의 벗된 자 드림.

⟨열네 번째 편지⟩
모든 것의 중심에는 하나님이 계십니다

신부님께.

신부님의 바람대로 조금 차도가 있으시다니 하나님께 감사할 따름입니다. 저는 여러 번 숨을 거두기 직전까지 갔었는데, 그때만큼 만족스러움을 느꼈던 적도 없었습니다. 그래서 저는 죽음에서 구해달라고 기도하지 않고 담대함과 겸손과 사랑으로 죽음을 감당할 수 있는 힘을 달라고 기도했습니다. 아, 하나님과 함께 고통을 겪는다는 것은 얼마나 달콤한 일인지요! 그 고난이 얼마나 크든, 사랑으로 그것을 받으십시오.

쉼없이 하나님을 찬미하라

하나님과 함께 고난당하고 하나님과 함께 있는 것은 낙원입니다. 그러므로 이생에서 낙원의 평강을 누리고자 한다면 하나님과 친숙하고 겸손하게 그리고 다정하게 대화를 나누는 데 익숙해져야 합니다. 어떤 경우든 우리 영혼이 하나님을 떠나 방황하는 일이 없도록 막아야 합니다. 우리 마음을 영적인 성전(聖殿)으로 삼고 그 안에서 쉬지 않고 하나님을 찬미해야 합니다. 우리 자신을 계속 경계해서, 하나님을 거스를 만한 것은 행하지도, 말하지도, 생각하지도 말아야 합니다. 이렇게 해서 우리 생각이 하나님을 중심으로 움직인다면 고통도 기름부음과 위로로 충만케 될 것입니다.

이런 상태에 도달하기 위한 시작이 매우 어렵다는 것을 저도 잘 알고 있습니다. 순전히 믿음으로 행동해야 하기 때문이지요. 그렇지만 비록 힘들긴 해도 우리는 하나님의 은혜로 모든 것을 다 할 수 있는 것 또한 압니다. 간절히 구하는 사람들에게 하나님은 그 은혜 주시기를 거절하지 않으시지요. 두드리십시오. 끈질기게 두드리십시오. 정하신 때가 되면 하나님께서 문을 열어

"이렇게 해서 우리 생각이 하나님을 중심으로 움직인다면
고통도 기름부음과 위로로 충만케 될 것입니다."

주실 것이고, 많은 세월 동안 미뤄 두셨던 것을 한꺼번에 다 주실 것입니다. 안녕히 계십시오. 제가 신부님을 위해 기도하듯 신부님도 저를 위해 기도해 주십시오. 주님이 허락하신다면, 곧 뵐 수 있기를 소원합니다.

   신부님의 벗 드림.

〈열다섯 번째 편지〉
지식을 뛰어넘는 하나님의 사랑

신부님께.

하나님께서는 우리에게 무엇이 필요한지 가장 잘 아십니다. 그분은 또한 모든 일을 다 우리의 유익을 위해 행하십니다. 그러므로 우리를 향한 하나님의 사랑이 얼마나 큰지 아는 사람은 어떤 일에서도 다르게 살아갑니다. 좋은 일뿐 아니라 괴롭고 힘든 일이라 해도 그것이 하나님으로부터 왔다는 확신이 있다면, 하나님의 사랑을 아는 사람은 언제나 동일한 마음으로 모든 것을 받아들입니다. 하나님으로부터 오는 것이기에 그것을 기쁨으로 맞이할 수 있습니다.

가장 쓰라린 고통이 닥쳤다고 합시다. 그것은 우리가 결코 참아내지 못할 것은 아닙니다. 우리가 그릇 해석하지만 않는다면 말입니다. 가장 쓰라린 고통일지라도 그것을 하나님께서 베푸신 것으로 본다면, 우리를 낮추시고 괴롭게 하시는 분이 우리의 자애로운 아버지이심을 안다면, 고통은 그 쓴 맛을 잃고 오히려 위로를 주게 될 것입니다.

하나님을 더 잘 아는 것

우리가 몰두하는 모든 일들은 다 하나님을 알기 위한 일들이 되어야 합니다. 하나님을 알면 알수록 사람은 그분을 더 많이 알기를 갈망하게 됩니다. 흔히 사랑은 그 대상을 얼마나 아느냐에 관계되는 일인 만큼, 앎이 더 깊고 넓어질수록 우리의 사랑은 그만큼 더 커질 것입니다. 하나님께 대한 사랑이 크다면 우리는 고통스러울 때나 즐거울 때나 똑같이 하나님을 사랑해야 합니다.

믿음으로 하나님을 구하라

단순히 우리에게 지각되는 은총만을 가지고 하나님을 사랑하는 데 만족해서는 안 됩니다. 우리에게 베푸셨거나 혹은 베푸실

"하나님은 우리 안에 계시므로
다른 곳에서 하나님을 찾지 맙시다."

은총이 제 아무리 크더라도 말입니다. 그 모든 것들보다, 우리가 실천한 한 가지 단순한 행위 속에 드러난 믿음이야말로 우리를 하나님께 가까이 데려다 줍니다. 믿음으로 자주 하나님을 구합시다. 하나님은 우리 안에 계시므로 다른 곳에서 하나님을 찾지 맙시다. 오직 하나님만을 사랑한다면 우리는 결코 무례한 자가 되지 않을 것이로되, 하나님을 기쁘시게 하지 않고 어쩌면 불쾌하게 할지 모를 사소한 일들에 바쁘게 매달려 있다면 우리는 비난을 받아 마땅하지 않겠습니까? 그 하찮은 일들로 언젠가 우리가 얼마나 비싼 대가를 치르게 될지 알고 두려워해야 합니다.

하나님을 보고자 하는 로렌스의 소망

진심으로 하나님께 헌신하기를 시작합시다. 다른 모든 일은 우리 마음 밖으로 몰아냅시다. 하나님만 우리 마음을 소유하시도록 말입니다. 이 은총을 내려 주시기를 하나님께 간구하십시오. 우리 편에서 할 수 있는 일을 하면 그토록 열망하던 변화가 우리 안에서 일어나는 것을 곧 볼 수 있을 것입니다. 하나님께서 신부님에게 평안함을 허락하셨다니 아무리 감사를 드려도 충분치 않을 듯합니다. 하나님의 자비로 수일 안에 하나님을 볼 수 있는 은총을 내려 주시기를 소원합니다.* 우리, 서로를 위해 기도합시다.

우리 주님 안에서 신부님의 벗된 자 드림.

---

* 로렌스 형제는 2주 후 병을 얻어 자리에 앓아누웠고, 그로부터 일주일을 넘기지 못하고 세상을 떠났다.

〈하나님의 임재연습〉일기

날짜.   영혼의 날씨.

*오늘 내가 겪은 일

*오늘 내가 경험한 하나님의 임재

*오늘 나의 감사와 간구

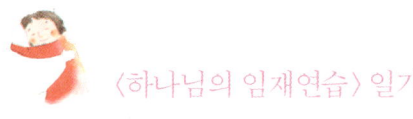

〈하나님의 임재연습〉 일기

날짜.   영혼의 날씨.

*오늘 내가 겪은 일

*오늘 내가 경험한 하나님의 임재

*오늘 나의 감사와 간구

〈하나님의 임재연습〉일기

날짜. 영혼의 날씨.

*오늘 내가 겪은 일

*오늘 내가 경험한 하나님의 임재

*오늘 나의 감사와 간구

*오현미 | 옮긴이

이화여대 불문과를 졸업하고 프리랜서 번역가로 활동중이다. 「어머니의 마음」(좋은씨앗), 「결혼의 신비」, 「목사가 목사에게」, 「부랑아 복음」(이상 진흥) 등 30여 권의 책을 번역했다.

*황성욱 | 일러스트

그림과 관련된 직장생활을 하다가 지금은 프리랜서로 활동중이다. 자신의 달란트가 하나님나라를 드러내는 일에 사용되기를 소원하며 그림을 그리고 있다.